U0807497

# 中国氢能产业发展简述

山东省科学技术情报研究院
国家自然科学基金委员会高技术研究发展中心　　组编
山东省国际人才交流服务中心

李潇　史筱飞　金馨　主编

山东大学出版社
SHANDONG UNIVERSITY PRESS
·济　南·

## 内容简介

发展氢能产业对我国应对环境挑战、推动能源革命、保障能源安全等具有重大战略意义，将成为我国实现"碳达峰、碳中和"的重要手段。本书主要围绕氢能产业发展概况、国内外氢能产业及政策现状、氢气制备和利用现状、氢气储运技术发展现状、中国加氢基础设施建设与运营发展现状、中国燃料电池汽车市场分析，分析我国氢能产业发展现状，提出我国氢能产业发展存在的问题及建议。在构建现代能源体系的过程中，要坚持自主创新，结合中国资源禀赋优势，发展适合我国国情的安全、可持续氢能技术，走有中国特色的氢能发展之路。

**图书在版编目(CIP)数据**

中国氢能产业发展简述 /李潇，史筱飞，金馨主编．
济南：山东大学出版社，2024.11.--ISBN 978-7
-5607-8478-6

Ⅰ.F426.2

中国国家版本馆 CIP 数据核字 2024TG1411 号

责任编辑　任雅航
封面设计　蓝海文化

**中国氢能产业发展简述**
ZHONGGUO QINGNENG CHANYE FAZHAN JIANSHU

出版发行　山东大学出版社
社　　址　山东省济南市山大南路20号
邮政编码　250100
发行热线　(0531)88363008
经　　销　新华书店
印　　刷　山东成信彩印有限公司
规　　格　720毫米×1000毫米　1/16
　　　　　9.75印张　139千字
版　　次　2024年11月第1版
印　　次　2024年11月第1次印刷
定　　价　60.00元

# 《中国氢能产业发展简述》编委会


主　审　袁清昌

顾　问　蒋志君

主　编　李　潇　史筱飞　金　馨

副主编　田小元　杨　斌　亓　亮　程竹静
　　　　张诗悦

参　编　张冠南　胡晋昭　孟芾羽　聂　静
　　　　李　莎　丁　娜　唐　飞　丁大伟
　　　　李树强　赵　越　董振宇　孙国栋

# 前　言

化石能源等不可再生资源的过度开发和利用促使人们开发和利用其他新型能源，氢能产业的有效发展，可在一定程度上解决全球正在面临着的严重的能源危机和气候问题。氢能作为零碳能源，其来源广泛，既可来源于化石能源，也可通过可再生能源制取。

本书旨在梳理氢能产业的发展背景、政策保障、全产业链等相关环节，为我国氢能产业有序发展提供参考。本书共分为7章：第1章阐述了氢能产业发展概况，涉及氢能产业发展的机遇与背景；第2章介绍了国内外氢能产业及政策现状，其中相关政策是氢能产业发展的有序保障；第3章介绍了氢气的制备方法和利用现状；第4章介绍了氢气储运技术发展现状，并将我国的氢气储运技术与国外进行了对比；第5章梳理了中国加氢基础设施建设与运营发展现状；第6章分析了中国燃料电池汽车市场的发展现状与趋势；第7章总结了我国氢能产业发展存在的问题及建议。未来我国一方面要不断完善与氢能相关的标准、法规，制定相应政策，引导氢能产业健康有序发展；另一方面要加快氢能领域人才培养，大力发展氢能科技，力争实现核心部件及装备的自主研发，取得本质安全、经济高效等氢能技术的实质性突破。

本书在编写过程中，参考了国内外相关的论著和资料，还得到了多位同仁的指导与支持，在此一并致以深深的谢意！

由于编者水平有限，书中难免存在疏漏之处，敬请广大读者批评指正。

编　者

2024年4月

# 目　录

# 第1章　氢能产业发展概况

## 1.1　氢能产业发展新机遇

### 1.1.1　氢能发展背景

由于化石能源等不可再生能源的过度开发和利用，全球正面临着严重的能源危机和气候问题。美国国家航空航天局(National Aeronautics and Space Administration，NASA)的观测数据显示，2022年全球平均气温较19世纪升高了约1.2 ℃，过去170年温室气体$CO_2$的浓度上升了47%。这种极速的气候变暖，导致出现了海平面上升、作物产量降低、人类心血管和呼吸道疾病加剧等种种现象，大幅缩短了物种和生态系统的适应时间，长此以往必然会威胁人类的生存与发展。

2016年，全世界178个缔约方共同签署《巴黎协定》，旨在通过共同努力将全球平均气温较前工业化时期的上升幅度控制在2 ℃以内。建立清洁低碳、安全高效的能源体系，寻找储量丰富且清洁安全的新能源是国际社会解决全球能源危机和气候问题的重要途径。

氢能作为零碳能源，其来源广泛，既可来源于化石能源，也可通过可再生能源制取。此外，氢能还是非常好的储能介质，能够有效缓解风能、光能等可再生能源的波动性和地域性问题，促进可再生能源的广泛应用。因此，氢能凭借其优良的特性被国际社会寄予厚望。

当前，多国已经出台氢能顶层设计和战略路线。根据国际氢能委员会发布的《氢能源未来发展趋势调查报告》，全球已有31个国家在国家层面提出了氢能发展相关战略。欧盟、美国、日本和韩国等国家（地区）将氢能产业发展上升到国家战略层面，对发展氢能进行鼓励和支持。2020年7月，欧盟委员会发布了《气候中性的欧洲氢能战略》，其中欧盟的主要任务是通过太阳能和风能等开发可再生氢。从长远来看，可再生氢是实现欧盟长期气候中和目标最可靠的选择。同年7月，美国能源部化石能源办公室发布《氢能战略——实现低碳经济》，将化石能源的利用融入氢能经济的发展。综合来看，海外各国的国家氢能战略的首要目标在于尽快脱碳，增加能源种类；其次是对氢能技术持续创新，完成从化石能源向可再生能源的可持续过渡。

随着国民经济的不断增长，我国能源消费需求不断增加，一些能源问题也逐渐凸显，主要表现在以下几个方面。

一是能源安全正面临着严峻挑战。2023年，我国原油、天然气的对外依存度分别约为73%和43%，自给能力不足，无法满足我国基本的能源需求。

二是我国的能源体系依然以化石能源为主，煤炭消费比重较高，导致能源行业碳减排压力巨大，环境污染问题突出。2000年以来，我国一次能源消费总量年均增长近2亿吨标准煤，2018年我国的能源消费总量已达到46.4亿吨标准煤，其中煤炭占59%，$CO_2$排放量占世界总排放量的27.8%。从2020年的一次能源消费结构来看（见图1.1），我国煤炭、石油、天然气等化石能源的占比高达84.1%，非化石能源占比仅为15.9%，与2060年实现80%的非化石能源占比的目标还相差甚远。同年，我国排放$CO_2$近99亿吨，占全球总排放量的30.66%，到2030年碳排放总量预计进一步上升至104亿～110亿吨的峰值水平。

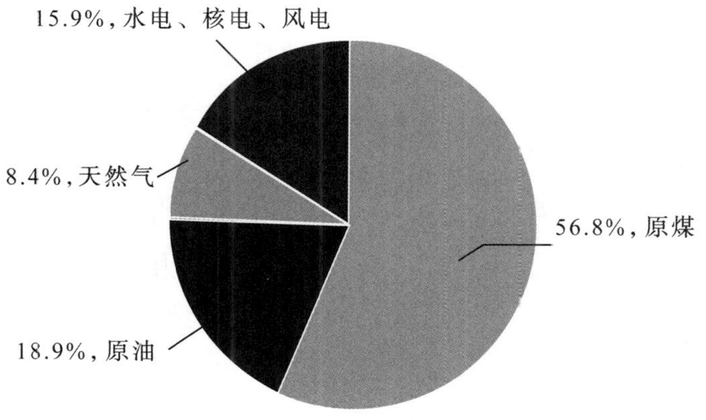


图1.1　2020年我国一次能源消费结构

三是可再生能源电力虽然发展迅速,但是大规模的储能调整调峰的问题尚未得到有效解决,“三弃”(弃风、弃光、弃水)问题依然严重,短期内替代化石能源的可能性较小。

四是汽车需求量的不断增加,需要持续推广新能源汽车。2021年,我国原油的对外依存度为72%,而交通运输石油能耗占全部石油终端能耗的2/3,且交通领域排放的污染物是我国城市大气污染物$NO_x$、$SO_x$及雾霾的主要来源。

从保障国家能源安全的角度来说,减少对国际化石能源的依赖,发展原油和天然气替代燃料,具有重要的战略意义。2020年9月,国家主席习近平在第七十五届联合国大会一般性辩论上发表讲话:“中国将提高国家自主贡献力度,采取更加有力的政策和措施,二氧化碳排放力争于2030年前达到峰值,努力争取2060年前实现碳中和。”在实现“双碳”目标(碳达峰、碳中和)的过程中,节能与提效、能源结构优化是两条相对有效的途径。氢能作为二次能源,具有零碳、高效、可长周期储能等显著优势,可以在交通、工业、建筑等诸多领域转化利用。氢能与电能耦合有助于解决可再生能源大规模、长周期储存和运输等问题,将是实现“双碳”目标的重要途径。

发展氢燃料电池汽车有望实现交通行业零碳排放的目标。基于新能源车辆替代规划,欧洲和日、韩均提出了传统燃油车退出时间表,短途、轻载车辆，电力网和车载锂电池驱动车辆已进入产业快速增长阶段。长途和重载型载运装备的燃油消耗量及尾气排放量均较大，氢能驱动是其最好的选择；美欧日韩均开始了各种高载运密度氢能重卡、船舶和飞机的研发及试运行。近年来，我国对燃料电池汽车的研发不断推进，以重卡为例，2019年我国重卡保有量近700万辆，近三年销售量的年均增长率超15%，其服役里程达60万千米，接近乘用车的10倍。若至2030年有10%的燃油重卡更换为燃料电池驱动，则年消耗氢气超1000万吨；以工业副产氢和可再生能源制氢替换下3000万吨油当量，每年可减少$CO_2$排放量达9000万吨以上。

氢能与可再生能源耦合是实现“双碳”目标的重要途径。氢能与可再生能源耦合，让可再生能源的不稳定输出得以稳定，解决“弃风、弃光”问题，有望大幅提高可再生能源在能源结构中的比例，而氢能与电能耦合有望发展成为一种新的储能方式。据中国氢能联盟分析，氢能在能源结构转型中可实现大规模、高效的可再生能源消纳，在不同行业和地区间进行能量分配，充当能源缓冲载体，提高能源系统的韧性，在不同领域如交通运输、化工、冶金、建筑行业中应用可有效降低碳排放。

我国城乡居民消费支出快速增长，消费结构向能源密集型产品转移，住宅楼宇用能总量快速增长，电力、燃煤需求季节性峰值难以调和等问题持续加剧。2016年我国标准家庭年均能源消费总量达1.1吨标准煤（不含交通），相当于英国的1/2、美国的1/3；其中，制冷/采暖的能源消费量占比约为40%，与欧洲终端能源消费中对应占比相当。在解决长江经济带约2亿家庭的采暖问题方面，既不能采取高碳排放的集中燃煤或分户煤气的方式，也不宜供应对外依存度超42%的天然气。欧洲和日、韩均基于自身资源禀赋和发展需求，提出了基于氢能燃料电池技术的热-电联供（fuel cell micro combined heat and power，FCmCHP）推广计划。氢能与电能耦合发展，可增强电力系统的灵活性，解决电力难以长周期大量存储的问题，提升能源利用效率。

发展氢能，逐步实现消费侧零碳排放、供给侧绿氢（利用可再生能源分解水得到的氢气，其燃烧时只产生水）代煤的目标，构建清洁低碳、安全高效的现代能源体系，是支撑实现新型工业化、新型城镇化，建成现代化经济体系的迫切需求，也是全面落实“四个革命、一个合作”能源安全新战略、保障国家能源安全、推动建立健全绿色低碳循环发展经济体系、实现未来能源利用方式变革的重要举措。

### 1.1.2 氢气需求量持续攀升

2022年，国际能源署（International Energy Agency，IEA）发布《全球氢能评论2022》，分析全球氢能产业发展现状及未来走势，预测氢能需求将持续增长。2021年全球氢气需求总量为9400万吨，高于新冠疫情前水平（2019年为9100万吨）；预计到2030年，在一切照旧、各国气候承诺全部兑现、净零排放三种情形下，全球氢气年需求量将分别达到1.15亿吨、1.3亿吨、2亿吨。

现阶段，我国正处于氢能市场的发展初期，从总量来看，氢能需求预计将保持年均3.5%左右的增速，氢能也成为我国能源体系的重要组成部分。氢气年均需求量约为2200万吨，据行业权威机构中国氢能联盟预计，到2030年，我国氢气年均需求量将达到3715万吨，在终端能源消费中占比约为5%；至2060年，我国氢气年需求量将增至约1.3亿吨，在终端能源消费中占比约为20%，年均增速约为3.5%。其中，工业、交通运输、发电与电网平衡和建筑将是四个主要用氢领域，氢气需求量将分别达7794万吨、4051万吨、600万吨和585万吨。在实现“碳中和、碳达峰”的过程中，中国氢气需求量将逐步提高。

氢气需求量的增长，必然会引起生产端供给的增加，以满足日益增长的国内消费及出口需求。据中国煤炭工业协会统计，2012—2020年，中国氢气产量从1600万吨增长至2500万吨，整体呈稳步增长趋势，2020年中国氢气产量同比增长13.6%（见图1.2）。

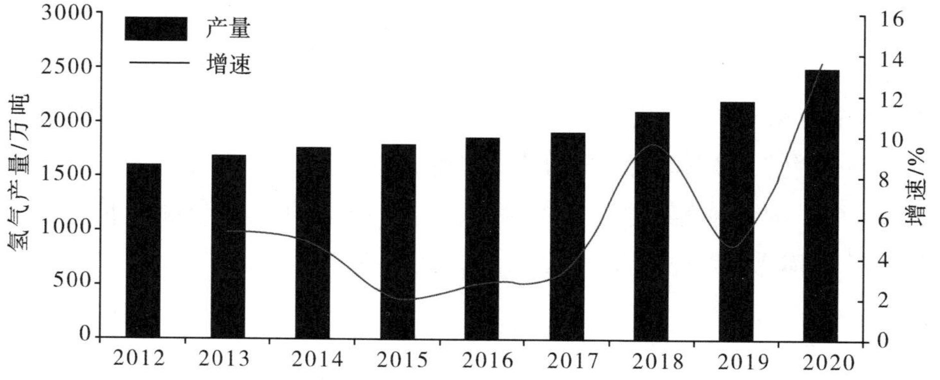


图 1.2　2012—2020 年我国氢气产量及增速

2021 年我国氢气产量在 3300 万吨，从供需关系来看，我国氢气产量目前可以满足市场需求；但随着需求的增加，只有不断提高制氢能力，才能跟上能源结构转换的节奏。据中国氢能联盟在《中国氢能源及燃料电池产业白皮书》中的预测，氢能产业链值在 2050 年将从 2019 年的 3000 亿元增加至 12 万亿元，年均增速 12.6%，产能的增加也将带来更多的就业和投资机会。

在氢气利用方面，我国目前对氢气利用较多的行业主要为化工行业，分布于氮肥生产、甲醇生产、现代煤化工、炼油等子行业，而氢气多作为中间原料进行利用。化工行业是与国民经济密切相关的基础性行业，其产品需求量随国民经济的发展而增加，未来我国对化工行业产品的总需求量仍将保持 3%～5% 的速度稳步增长，因此对氢气的需求量也将逐步增长，预计到 2030 年，我国化工行业可再生氢需求量约为 376 万吨，是中国最大的可再生氢需求市场。此外，钢铁领域也会创造新的用氢增长点。以氢气或者煤气为原料直接还原铁，可以得到适合电炉炼钢的海绵铁。在“双碳”目标的指导下，氢直接还原铁将实现从无到有的突破，预计到 2030 年我国钢铁领域氢气总需求量约为 174 万吨，其中可再生氢需求量约为 94 万吨，其余为工业副产氢。

## 1.2 氢能产业全景

发展绿氢和氢能产业对我国应对环境挑战、推动能源革命、保障能源安全等具有重大战略意义，将成为我国实现“双碳”目标的重要手段。我国氢能产业整体格局已基本形成，呈现积极发展态势，中央企业纷纷加快布局氢能产业的步伐。据统计，在国务院国资委监管的97家中央企业中，已开展氢能相关业务或布局的中央企业已达43家，占比约为44%。中央企业在氢能产业中的布局涉及氢气制备、储存、输运等各个环节，并积极探索氢能交通、氢冶金、应急电源等多元应用场景，率先统筹数字氢能、检测认证、金融孵化等综合服务能力建设。

氢能产业链涉及多个行业多个领域，如图1.3所示，总体上可分为上游氢能供给和下游需求两个方面。具体来看，氢能的供给端包括上游制氢、中游储运氢以及加氢站的建设等环节，下游需求端则涵盖了氢能源综合运用的各环节。

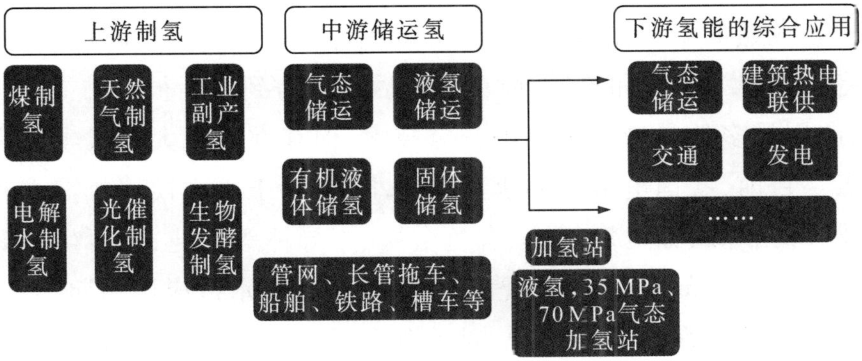


图1.3 氢能产业链

### 1.2.1 上游制氢

氢是宇宙中含量最丰富的元素，但在地球中通常处于化合态，自然状况下的游离态氢较为匮乏，因此需要一定的制氢技术将氢气从含氢原料中大规模制备出来，以满足日益增长的氢气需求。氢气生产原料来源广泛，既有天然气等轻烃原料，也有独具中国特色的煤炭、焦炉气、甲醇等。不同的原料首先进行初级转化,再根据要求进行变换和净化处理,之后再用于下游产品的合成。从化工氢到燃料电池氢,还需将氢气进一步纯化、去除多种微量杂质,以满足燃料电池用氢的质量标准要求。

在化石能源制氢中,煤制氢和天然气制氢的工艺都较为成熟,但我国"多煤少油缺气"的资源现状,决定了国内以煤制氢路线为主,而天然气制氢在其他国家应用较为广泛。未来工业副产氢的开发空间较大,在降低大气污染的同时还能提高资源利用效率和经济效益。截至2021年年底,我国在产焦炭产能达5.4亿吨(常规焦炉),年产焦炭约4.18亿吨、焦炉煤气2063亿立方米,焦炉回炉加热以45%计,每年可外供焦炉煤气989.72亿立方米,可供提取41亿～45亿千克氢气。此外,甲醇及合成氨工业、丙烷脱氢项目也可产生工业副产氢。

通过可再生能源制氢的方式主要是电解水制氢,包括碱性水电解、固体聚合物电解质水电解、高温固体氧化物水电解。电解水制氢是比较成熟的工业制氢方法,生产装置为水电解槽,具体方法是通电后将水分解为氢气和氧气,简单纯化后可以得到纯度很高的氢气。目前,应用最多的是碱性水电解制氢技术,但存在能耗大和成本较高的缺点。目前,我国电解水制氢产能较小,适用于小规模用氢需求和特定要求的领域,如电厂氢冷、有色金属、半导体等行业;可再生能源规模化制氢和分布式燃料电池汽车加氢站等处于示范应用初期。

从绿色环保的角度来说,纯水制氢更符合可持续发展的长期目标。未来随着我国可再生能源发电,如风电、光伏发电等的不断研发、示范推广,可再生能源+电解水制氢对降低氢气成本具有较大的助力,有望解决储能问题。

### 1.2.2 中游储运氢

作为氢能产业链的中游,氢气储运在氢能产业发展中起着关键作用,将带动上游制氢,连接下游应用。

储氢主要有气态、液态、固态三种技术路线，按照氢气状态的不同，氢能储运方式有常温高压气态储运、深冷常压(低压)液态储运、带压固态储运等。其中液态储运和高压气态储运较成熟，为目前主流技术路线，两者各有利弊，可互为补充。气态储运方式主要分为长管拖车和管道运输两种：前者技术发展较为成熟，通常适用于近距离运送氢气；后者一般适用于远距离的氢气输运，且规模较大，但建造管道的一次性投入成本较高。液态运输目前在日本、美国发展较为成熟，可适用于距离远、运输量大的情况。固态运输安全性相对较高，但目前处于小规模示范阶段。

我国目前主要采用高压气态的运输方式输运氢气。《中国氢能源及燃料电池产业白皮书》提及，预计到2030年，我国氢气运输方式将以高压气态、液态储运及管道运输等多种运输方式协同发展，在车载氢气储运方面，将以气态及低温液态输运为主；到2050年，氢气管网有望密布城市及乡村，储运氢安全性更高。

提高氢储运效率、降低氢储运成本是中游储运氢的研究重点。但不管采用何种储氢方式，氢气储运装备一旦失效，便可能发生泄漏、燃烧、爆炸，造成重大人员伤亡和财产损失。因此，氢能储运装备的安全问题不容忽视。

### 1.2.3　下游氢能的综合应用

氢能产业涉及多个行业，涵盖了多个领域，是推动传统能源清洁高效利用和支撑可再生能源大规模发展的理想互联媒介。氢燃料电池在交通行业中的应用有望实现车辆运行阶段的零碳排放。同时，利用富余可再生能源电解水制氢可有效解决可再生能源的储存和再分配问题，提高能源利用效率。

美国、欧盟及德国侧重于重载运输业，积极探索氢燃料电池在航空、航海、重卡、轨道交通等领域中的应用。日本和韩国更侧重于氢燃料电池汽车的市场化推广、加氢站等基础设施的建设。在能源供给领域，使用绿氢以减少化石能源的消耗，发展以氢能为基础的混合能源系统,如电网-可再生能源混合系统,可在中长期/季节性储能、电网平稳服务、化工产品制备等方面发挥独特优势。

2021年,在我国“双碳”目标和示范应用政策的引导下,氢燃料电池汽车产业继续保持较快的发展速度,未来必将在多层次、多方面发挥重要作用。作为全球最大的汽车市场,燃料电池汽车近些年发展迅速,截至2022年年底,全球主要国家燃料电池汽车总保有量达到67315辆,而我国保有量达12682辆,占近1/5。但是我国在该领域的全产业链技术存在多处短板,自主技术严重不足,成熟度不够,整体水平差距大,单靠传统的“买买买”思路不可靠甚至走不通。因此,在现阶段各方面必须高度重视,对氢燃料电池汽车的发展予以引导和支持。

# 第2章　国内外氢能产业及政策现状

当今社会，石油危机、气候变化等问题层出不穷，为应对气候变化的影响，全球正在加速推进能源绿色低碳化改革。氢能作为绿色无污染的二次能源受到各国的青睐，正在成为交通、发电等领域的低碳燃料选择。氢能应用覆盖范围广，不仅可以用于燃料电池，还可以在发电、建筑物供暖、炼油和钢铁冶炼等工业领域得到广泛应用。

近年来，世界各国逐渐将氢能发展提升至国家战略高度，成立相关机构，发布一系列氢能战略发展规划，并制定了不同阶段的氢能发展目标，逐渐形成适合本国的氢能发展模式。国际氢能委员会发布的《氢能观察》指出，截至2021年年初，已经有30多个国家发布了氢能路线图，共计宣布了200多个氢能投资计划，将氢能产业的发展视为未来经济增长的重要引擎。我国氢能产业正在加快发展，但仍处于初期阶段，氢能的应用领域主要是燃料电池汽车，在氢能发展方面需要广泛借鉴国外的先进经验。

## 2.1　国外氢能产业发展政策

### 2.1.1　美国

美国与其他国家不同，其能源结构与能源安全问题并不突出，但美国尤其重视新兴领域、前沿先进技术的发展。早在1970年，美国就提出了“氢经济”的概念；1973年，国际氢能源组织在美国成立；1990年，美国提出氢能研究与应用发展。自此，美国对氢能相关科技研发工作给予了率先、持续的支持。其产业发展政策主要有以下几个特点。

（1）将氢能作为战略储备。虽然美国各届政府对氢能的优先发展领域侧重点不同，但历届政府都有一个共同目标，即以开发关键核心技术为主要目标，并对氢能进行战略储备。

在克林顿执政期间，联邦政府重视氢能燃料电池技术，于1990年颁布了《氢能研究、开发及示范法案》，于1996年颁布了《氢能前景法案》等政策。2001年5月，布什政府发布报告——《为美国未来提供可靠、可负担得起、环境友好型能源》，在该报告中，氢能被视为“未来能源的供给源”，并开始将氢能发展纳入国家能源战略体系。随后，美国先后发布《国家能源政策报告》《氢能技术研究、开发与示范行动计划》《先进能源倡议》《氢立场计划》等文件，标志着美国的“氢经济”已经步入技术研发、示范应用的系统化实施阶段。2002年，美国开始制定氢能战略规划，使其一直处于全球氢能技术的第一梯队。同年，美国提出《国家氢能发展路线图》，开始系统实施国家氢能计划，逐步推动氢经济发展。而在奥巴马执政期间，受2008年金融危机、油价大幅下滑等因素影响，美国氢能协会、燃料电池协会等的研发资金有所下降。随后，2017年特朗普政府先后宣布退出《巴黎协定》及废除《清洁电力计划》，但氢能与燃料电池的研究与发展仍然是美国开展前沿技术研究的领域之一。

（2）不断完善“制氢—运氢—储氢—用氢”的全技术链。从1990年乔治·赫伯特·沃克·布什执政到2001年克林顿执政期间，主要是对氢能技术可行性的论证以及初步形成“制氢—运氢—储氢—用氢”的技术链，这期间超过1.6亿美元用于氢能关键技术的研发，目的是在最短的时间内突破氢生产、储运和应用过程中的关键技术。

从2002年布什执政到2012年奥巴马执政期间，两任政府将氢能发展方向集中于对重点领域关键技术的研发，如交通等领域。从

2003年的《总统氢燃料倡议》到2004年的《氢立场计划》，再到2005年通过的《能源政策法案》，表明布什政府已正式开启氢能燃料电池方面的技术研究，计划在五年内投资12亿美元用于研发氢能生产、氢储运技术；进一步明确了氢能产业的发展要经过四个阶段，即氢能产业研发示范初级阶段、氢能市场转化的过渡阶段、基础设施建设的完善阶段、建成氢能社会的完成阶段。

从2013年奥巴马执政到2017年特朗普执政期间，两任政府均将研发主力集中在氢能燃料电池方面。2013年，美国政府拨付美国能源部63亿美元，主要用于氢能燃料电池、车用替代燃料等清洁能源的研发。氢燃料电池的研发是氢能产业的重要环节，美国以商业应用为主要目的，发展高集成便携式氢燃料电池，支持本国军用及交通领域应用。2014年5月，白宫发布《全面能源战略》，提出了未来美国在低碳化发展方面的主要措施，将氢能作为“国家燃料替代与充电网络规划”等项目的重要组成部分。在加氢站方面，加氢站已经被美国视为能源体系的重要基础设施，同时强大的综合国力使其在分布式能源等多领域进行布局，以求未来作为技术出口点。2019年的氢能计划中，又拨付4000万美元资助氢能技术的研发。

2020年11月，美国能源部发布《氢能计划发展规划》，提出了在未来十年或者更长的时间内，实现氢能研究、开发和示范的总体战略框架构建，加快推动部署成熟的氢能商业化、规模化体系；在制氢技术方面，着重研发通过可再生能源、清洁能源制氢等技术。

2021年，拜登就任美国总统，提出要建设“氢能美国”的发展愿景。截至2022年年底，美国共有97座加氢站投运，预计到2030年在全美范围内建设4300座加氢站，实现氢能产业发展与绿色交通产业发展的有机结合。

(3)搭建氢能产业发展标准体系，明确技术指标。为促进氢能的产业化、规模化发展，配合在氢能发展过程中，相关设备、材料、制造工业的产业化，形成安全化、规范化、统一化的质量流程，以保障氢能生产、储备、运输、应用等阶段的顺利实施，美国在制定相关产业发展政策时，不仅制定了氢能产业发展的相关标准体系，还明确了不同阶段的技术指标。

2020年7月，美国能源部化石能源办公室发布《美国氢能战略——实现低碳经济》，将化石能源融入氢能经济，并指出化石燃料生产的氢气是一种多功能的能源载体，在向低碳经济转型的过程中发挥着重要作用。未来对化石燃料的研发工作可以概括为四个主要领域：①使用气化和重整技术生产碳中性氢；②建设大型氢运输基础设施；③实现大规模现场和地质储氢；④开发发电、燃料和制造用氢。

同年11月，美国能源部发布《氢能项目计划》，该计划指出现有任务是研究、研发和验证转化氢及其相关技术，包括对燃料电池和涡轮机的研发，并解决制度和市场中的问题，最终实现氢能在多领域的广泛应用。从美国国内各种资源中开发氢能，将确保美国拥有丰富、可靠和负担得起的清洁能源供应体系。该计划涵盖了制氢、运氢、储氢、转化等流程，其设定的美国到2030年的氢能发展目标如表2.1所示。

**表2.1　美国到2030年的氢能发展目标**

| 项目 | 目标 |
|---|---|
| 制氢 | 制氢技术的研究、开发和示范基于美国本国的不同资源，以满足特定应用的成本和性能指标要求；<br>交通运输用氢价格小于2美元/kg；<br>工业和大规模发电用氢价格小于1美元/kg |
| 运氢 | 早期市场交通运输的运氢成本小于5美元/kg；<br>后期发展的高价值产品市场中的运氢成本小于2美元/kg |
| 储氢 | 用于运输的车载储氢系统：能量密度为2.2 kW·h/kg、1.7 kW·h/L时，成本是8美元/(kW·h)；<br>可充电便携式电源系统：能量密度为1.0 kW·h/kg、1.3 kW·h/L时，成本是0.5美元/(kW·h)；<br>大批量储氢罐用高强度碳纤维的成本为13美元/kg |
| 转化 | 长途中性卡车用质子交换膜燃料电池系统的成本为80美元/kW，运行寿命达到2.5万h；<br>固定式发电用固体氧化物燃料电池系统的成本为900美元/kW，运行寿命达到4万h |

2021年，美国启动了“氢能攻关”计划，预计开展氢能的示范项目。该项目征集的内容主要集中在：氢气的生产、来源及基础设施建设方面；调查不同领域潜在用户的需求，如工业、交通、电网等领域；氢能示范项目中需要用到的基础科学研究；等等。

### 2.1.2 日本

与美国不同，日本能源资源匮乏、对化石能源依赖性强、可再生能源的发展缓慢，能源结构与能源安全问题日益突出。受限于以上条件，日本将氢能发展上升到国家战略高度，大力发展氢能关键技术。日本大力发展氢能，不仅要实现氢能与其他化石能源的成本平价，以氢能汽车替代燃油汽车，还要以氢能发电替代天然气及煤炭发电。其产业发展政策主要有以下几个特点。

(1)改变能源消费结构，提升能源安全水平。日本大力发展氢能，是由其能源结构的内在需求与其所在地理位置决定的。日本的能源结构主要以石油和天然气为主，两者在日本能源消费中占比合计达到三分之二。然而日本能源资源匮乏，能源自给率不到10%，能源对外依存度超过90%。日本处于亚欧板块和太平洋板块交界处，且位于环太平洋火山地震带上，是自然灾害的多发地区。在日本，无论是电网还是天然气管网，受到地震、海啸等自然灾害影响的概率都比较大。

2011年，日本东北部的太平洋海域发生里氏9.0级地震，随后又发生海啸，致使福岛的第一核电站、第二核电站的核反应堆受到严重影响，导致放射性物质外泄。福岛核泄漏事件后，日本的能源结构发生了重大改变，核能占比从2010年的13%下滑到2012年的1%，化石能源占比则从82%上升至94%。福岛核泄漏事件后，核能供电比例缩减严重，天然气、煤炭发电占比增加，这也在一定程度上加剧了日本能源的对外依存度；此外，其他可再生能源的比例也有所上升，如图2.1所示。日本想要降低能源对外依存度，就要加快研发新的能源，寻找相对安全的消费能源。因此，日本政府格外重视氢能社会的构建。

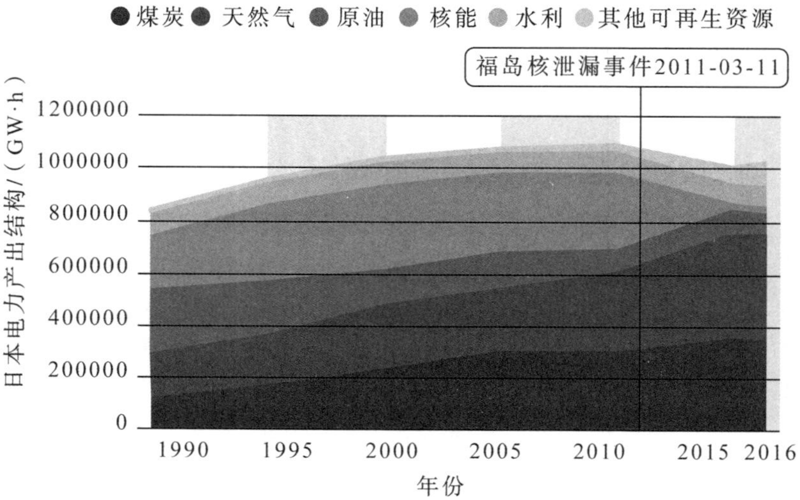


图 2.1　1990—2016 年日本电力产出结构

2003 年,日本政府在第一版《能源基本计划》中首次提出"氢能源社会"的概念,目的在于利用氢能解决能源安全问题,改变日本的能源结构与能源消费方式,通过进口海外的氢气资源,进行氢能终端领域的革新。

(2)巩固产业发展优势,拓宽氢能应用领域。日本在经历了 1973 年的石油危机后就成立了氢能源协会,开始研发氢能源技术。1978 年,日本开始实施"月光计划",旨在开发节能技术,推进节能工作,此时也启动了燃料电池的研究。随后,1980 年,日本的新能源产业技术综合开发机构(New Energy and Industrial Technology Development Organization,NEDO)成立,旨在研究可替代石油的新能源。1993 年,由该机构牵头,设立"氢能源系统技术研究开发"综合项目,主要涉及国产氢能源汽车,氢气的存储、运输,以及氢能的多领域应用等全产业链。20 世纪 90 年代,日本的汽车制造商如丰田等均开始了燃料电池的研发。

从 2002 年开始,日本就开始资助"燃料电池系统示范研究"项目,包括"燃料电池汽车的示范研究"和"氢能基础设施建设的示范研究"两大主题,涵盖了从数据收集、燃料电池汽车的性能到能源效率与安全性研究等各个方面。2009年,日本政府公布《燃料电池汽车和加氢站2015年商业化路线图》,进一步明确了燃料电池的商业化进程。随后,在第四版《能源基本计划》的推动下,2014年6月,日本政府发布了《氢能与燃料电池战略路线图》,一系列的举措对日本燃料电池汽车的发展起到了显著的推动作用。同年12月,丰田公司推出了氢燃料电池汽车Mirai,成为全球首个商业化的氢燃料电池汽车;2016年,本田公司又推出了一款氢燃料电池汽车Clarity。

2017年12月,日本政府发布《氢能源基本战略》,明确了氢能社会需要车辆领域与家庭共同构建:车辆领域主要涵盖了乘用车、巴士等,而后者主要体现在家用热电联产用氢方面。在家用氢能方面,早在2008年,由日本燃料电池协会牵头启动了"ENE-FARM"项目,松下公司、东芝公司等厂商配合研发生产,进行家用氢能系统的推广。2019年3月,日本公布《氢能利用进度表》,明确了到2030年日本氢能应用的关键目标;至2025年,全面普及氢能交通,并且进一步扩大氢能在发电、工业和家庭中的应用;使氢燃料电池汽车价格降至与混合动力汽车持平;2030年规划建成900座加氢站,实现氢能发电商业化,氢气价格降至30日元(约1.5元)/m³,未来应进一步降至20日元(约1.0元)/m³,并使其不高于传统能源制氢价格。根据H2stations.org公布的报告,截至2022年年底,全球投运加氢站共814座,亚洲共455座,其中日本拥有165座。

经过几十年的不断积累,日本氢燃料电池全产业链已经得到完善,且无论是在技术还是在材料、设备方面,发展氢能都已具备了较领先的优势。在氢能与燃料电池领域,日本的专利占全球的50%以上,并且在多个关键技术领域处于绝对的领先地位。在材料及技术方面,千代田公司的有机储氢材料、川崎重工株式会社的液氢储运技术和装备,使二者成为全球氢能细分领域的独角兽企业。在氢能发展关键设备领域,岩谷公司的加氢装备、松下公司的家用燃料电池热电联产机组等,无论在稳定性、能源效率还是性价比方面,均已远超其他国家的相关企业。

(3)国家战略支持,全产业链协同发展。2013年,日本进入了推动氢能发展的实质阶段。同年6月,日本政府发布《日本复兴战略》,将氢能的发展提高到国家战略层面。2014年,日本政府不仅对该战略进行了修订,还出台了"日本第四次能源基本计划",提出将氢能与电力、热能并列为核心的二次能源。同年6月份,日本的《氢能与燃料电池战略路线图》公布,从氢气的产量、成本控制、加氢站以及氢能产品利用等方面,确立了"三步走"的发展计划。日本国内以氯碱工业副产氢作为主要氢气供应来源,同时建立国际氢能供给链,海外进口氢气成为日本"氢能社会"的重要能源补充,这有利于推动燃料电池汽车的市场化应用,不断完善加氢站建设的标准体系,为氢燃料电池汽车的应用推广奠定了基础。日本还通过多维度支持氢能下游产业链的发展,以补助的形式给予研发氢能技术的相关企业与人员资金支持,对购买家用燃料电池系统、氢燃料电池汽车的消费者给予一定的补贴,不断扩大氢能下游产业链。

2017年12月,日本政府发布《氢能源基本战略》,将氢能的国家战略地位进一步提升,并且在该战略中确立了2050年日本构建氢能社会的目标。2019年3月,《氢能利用进度表》发布,该进度表主要从氢能应用、氢能供应、全球化氢能社会三个维度展开。同年,日本政府对《氢能与燃料电池战略路线图》进行了修订,不仅提出具体的发展项目,还明确了每个发展领域的具体目标。

日本在氢能发展初期,产业链较长,各环节之间存在一定的不确定性,氢能发展缓慢。2017年,日本汽车和能源领域等11家公司成立"Japan $H_2$ Mobility"联盟,主要成员:在汽车领域有丰田公司、日产汽车公司、本田公司;在能源领域有JXTG日本石油&能源公司、出光兴产株式会社、岩谷产业株式会社、东京煤气公司、东邦煤气公司、日本液化空气公司;在金融领域有日本丰田通商株式会社和日本开发银行。该联盟的成立打通了氢能产业链的各个环节,在一定程度上加速了日本氢能的市场化、产业化的进程。

2020年9月,日本经济产业省发布的《应对气候变化创新金融战略2020》提到，为了实现氢能社会，必须建立一个完整的产业链，包括氢气的生产、运输、储存和应用等。在生产领域，利用太阳能发电制氢已经得到验证，用氢实现脱碳的挑战也逐渐展开。同年12月，该省又发布了《2050碳中和绿色增长战略》，该战略提出日本到2030年氢气引进量将达300万吨，2030年清洁氢的供应目标是超过德国2019年公布的可再生能源制氢供应量(约42万吨)。

经过近十七年的发展，通过进口氢气，大力发展氢燃料电池技术，日本的能源供需结构及消费方式已实现了较大转变。未来，在加氢站建设方面，日本还将继续以财政税收或者补贴的方式支持加氢站的建设，以健全氢能产业链，促进氢能社会的构建。

### 2.1.3　韩国

韩国与日本的能源结构相似，能源对外依存度高达90%。其氢能发展战略主要是通过氢能下游产业带动上、中游氢能技术的研发。

(1)致力于构建海外氢能供给体系和销售市场。韩国存在资源短板，主要通过天然气裂解制氢。目前，已经形成仁川、同阳、平泽等制氢基地，现在氢气年产量在15万吨，计划到2040年氢气年产量提高到526万吨，价格将达到3000韩元/kg。即便如此，与氢能产业发展速度相比，氢气的产量仍供应不足，难以满足产业发展需要。

由于资源短缺，韩国正在构建海外氢能的供给体系，希望加强中日韩在氢能相关领域的交流与合作；同时，韩国还与美国、加拿大、欧洲等国家和地区建立了有关氢能的合作关系。

在氢气运输方面，主要采用高压气态储运氢技术。目前，韩国政府正计划采取更清洁的方式，如管道运输。韩国现有管道主要是以蔚山、丽水、大山的管道线路为中心，从氢气生产厂通过200 km的管道运输到炼油厂及终端用户。但韩国并没有强大的氢管道运输技术，该技术主要依赖西方国家；其次，其液化氢气及液态储运技术仍处于研发阶段，离市场化还有一定距离。

(2)多措并举致力打造“氢经济”。韩国目前已经将“氢经济”列为三大创新增长战略之一，而氢燃料电池汽车经过数十年的研发将作为韩国下一个经济增长引擎。

(3)制定国家级战略规划。2008年,韩国就发布了有关低碳绿色经济增长的战略,并且将汽车产业与氢能发展相结合,先后发布《韩国新能源汽车规划》《氢燃料电池汽车产业生态战略路线图》等政策,以促进燃料电池汽车的发展。经过十年发展,2018年,韩国发布了《创新发展战略投资计划》,明确将氢能产业作为未来经济发展的战略投资方向之一。随后,2019年又发布了《氢能经济发展路线图》,该路线图设定了2040年的氢能目标,旨在通过"三步走"战略——2018—2022年的准备期、2022—2030年的发展期以及2030—2040年的主导期,提高氢能产业的成熟度,其中发展燃料电池汽车仍是战略重点。此外,还计划在未来5年内拟投入600亿韩元(合人民币3亿多元)支持高效制氢、稳定储运氢等环保技术的研发。在基础设施研发方面,还将另外投入23.3亿美元(合人民币160亿多元)用于基础设施的研发,预计在2040年全面实现氢能社会,成为世界氢能经济的领导者。

在立法支持方面,2020年2月,韩国颁布了关于氢能的立法法案——《促进氢经济和氢安全管理法》,成为全球首个在氢能领域立法的国家。《促进氢经济和氢安全管理法》的主要内容涵盖了实施氢经济的保障体系、培育氢能专业公司、氢能供应设施的部署、氢经济基础奠定和氢安全管理等五个方面,为促进韩国氢经济的发展奠定了基础。

为尽快实现绿色低碳发展,2020年12月,韩国政府发布《2050碳中和促进战略》,主要内容是实现经济结构低碳化、构建低碳产业生态系统、建成公平公正的低碳社会和强化碳中和相关制度建设,认为氢能是未来加速工业改革和减少温室气体排放的有效能源。此外,为实现2050年碳中和的目标,目前韩国大多数以化石能源为燃料的交通工具都将被电力、氢气和其他清洁能源驱动的交通方式所取代,到2050年,氢动力运输是韩国未来交通运输业的关键支柱之一。

(4)发展氢能产业基础设施。从2019年起,韩国政府就决心在氢能发展路线图的基础上构建氢经济,计划在2022年以前,让8万辆氢动力燃料电池汽车上路行驶，预计到2040年，生产620万辆燃料电池电动汽车，建成1200个加氢站。H2stations.org公布的数据显示，截至2020年，韩国已建成60座加氢站，主要分布在首尔和釜山。据韩国能源经济研究所的报道，2020年韩国氢产业规模约为120亿美元，预计2030年将达到213亿美元。

（5）吸引私营经济企业投资。对于氢能源站点的运营与管理，起初韩国政府计划提供加氢站预计总投资的一半，剩下的由私营经济企业提供，然而私营经济企业在投资氢能源发展方面持观望态度，犹豫不决。为了吸引私营部门投资，韩国政府宣布实行BTL（build-transfer-lease，建设-移交-租赁）模式，即私人部门通过融资建设基础设施，项目完成后，基础设施的所有权转移给政府，在一定的时间内，政府每年向私人部门支付一定的租金，私人部门可以获得稳定的现金流，这在一定程度上可以增加私营经济企业投资氢能源的积极性。

### 2.1.4 欧洲

欧盟作为保护环境的先锋者，认为氢能在长期脱碳的过程中发挥着不可替代的作用。在能源转型的过程中，氢能与其他可再生能源深度融合将成为绿色低碳转型的核心驱动力。

2008年，燃料电池和氢能源联盟（Fuel Cells and Hydrogen Joint Undertaking，FCHJU）成立，这是欧洲推动氢能发展的重要团体之一。经过十多年的发展，2019年，该联盟发布了《欧洲氢能路线图：欧洲能源转型的可持续发展路径》的报告，该报告指出，实现特定行业或部门大规模脱碳的必由之路是发展氢能。此外，欧洲能源研究联盟（European Educational Research Association，EERA）是氢能发展的又一助推力。2019年，欧洲能源联盟发布了第四版的《燃料电池与氢能技术联合研究规划》，该计划旨在促进实现氢能产业的大规模部署及商业化，主要涉及电解质、催化剂与电极、氢气储存等7个技术领域的发展目标及路线。同年，欧盟的成员国如德国、爱尔兰、瑞士、法国等经济强国也与本国产业实际相结合，确定出相应的氢能发展规划或者路线图。为保持并提高欧洲工业的地位，2020年初，欧盟委员会发布《欧洲工业战略》，该战略指出清洁氢能联盟要优先于低碳工业联盟、工业云平台以及原材料联盟，由此可见氢能的重要性。

2.1.4.1　德国

近几年德国氢能发展迅猛。与日韩不同，德国发展氢能更多的是将氢能视为一种手段，助力推动能源转型，在“难以减排领域”实现氢能的应用从而进行深度脱碳。

（1）根本目的是助力德国能源转型。德国政府为促进能源转型、推动深度减碳，对氢能发展一直保持着高度关注，但在能源转型过程中也暴露出越来越多的问题。2000年，德国颁布《可再生能源法》，鼓励利用风能、太阳能等可再生能源发电，以风电、光伏为主的可再生能源发电登上“舞台”中央。2000年德国可再生能源占比为6.3%，到2013年飙升到25.6%。德国联邦能源与水业协会的数据显示，2019年上半年德国可再生能源发电比例高达44%。

随着可再生能源装机容量和用电需求量的增加，2019年，德国出现了部分地区电力供应中断的事故。为此，如何提升电力系统的供应能力、提高电力系统的稳定性成为德国的头等挑战。在能源转型过程中，能源价格上涨，工业生产和人民生活成本的提高，使德国在能源转型方面面临着更多的争议。

德国的能源转型领域主要集中在电力方面。为提升电力的供应能力，在财政的支持下，德国风能、太阳能产业快速发展，大部分居民与企业已安装了分布式光伏发电系统，但若要将依靠天气的分布式小规模发电装置整合到电力系统中，依然面临着巨大的挑战。德国还将进一步拓宽能源转型范围，利用可再生能源进行供热或者运输，以求能够完全替代化石燃料。

2019年，德国开展了20个“能源转型仿真实验室”项目，在2020—2023年内投入6亿欧元，以加速氢能技术的迭代创新，在交通、供暖等领域推动氢能的应用，助力研究成果落地。氢能作为高密度、无污染的二次能源，有望成为德国能源成功转型的关键手段。

德国地理位置优越，可再生能源资源丰富，发展电解水制氢技术，可以起到储能调峰的作用。与此同时，氢气也可掺入天然气管网。在德国能源转型的框架下，预计到2035年，德国可再生能源发电占比将达到55%，2050年将有80%的电力来自可再生能源。

(2)拓宽氢能应用场景，深度减碳。2015年以来，德国的碳排放量并没有下降，反而有所上升。2016年，德国提出了《2050气候行动计划》，明确到2050年实现碳中和目标。2018年，受“暖冬”影响，德国碳排放量有所下降，但并不明显。德国政府意识到传统的碳减排路径正在走边际效益递减的下坡路，需要开辟新途径减碳。

氢能作为清洁、零碳的能源，对于减少碳排放量有着重要作用。在制取氢气时，采用可再生能源制氢、研发零碳制氢技术；在氢能的应用端，令氢能逐渐替代化石能源。对于近几年碳排放量降幅并不明显的德国来说，发展氢能有望助力实现2050年的碳中和目标，实现在“难以减排领域”的脱碳目标。

因此，德国在氢气的生产端以可再生能源为基础，搭建绿氢的供应体系。在氢能应用端，与日韩相比，德国在构建氢能应用场景时，将氢能应用于工业、交通、建筑、能源等多个领域，应用范围更广；主要体现在利用氢能能源、原料等的属性，以燃料电池或者其他燃烧方式代替传统化石能源，发挥绿氢作用，实现氢能在钢铁、化工等领域中的应用。

德国创新性地提出了电力多元化转换(Power to X)模式，致力于探索氢能的综合应用。利用可再生电力能源电解水制氢，当部分区域的电力出现冗余时，采用电解水制氢技术，将多余的电力转化为氢能并储存；在电力紧缺时，又可通过氢能发电，实现可再生能源的闭环消纳。同时，氢能可以实现跨能源品种的耦合，在多种应用领域，氢能可扮演“万金油”的角色，如将氢气以5%～20%的比例与天然气混合，形成掺氢天然气(HCNG)。HCNG不仅不会对天然气管网造成影响，还可以提升能源的利用效率，实现在发电、供热等领域的应用，减少碳排放，对实现碳中和目标有着极大的益处。现阶段，德国与荷兰等国家，在HCNG领域正开展合作，构建HCNG的供应网络。

(3)推动研发示范项目和基础设施建设。德国和荷兰等国家开展合作，在构建HCNG的供应网络时，依托西门子公司等巨头，已研发了若干示范项目，包括天然气掺氢发电、供热等。

2004年，德国联邦政府成立了国家氢能与燃料电池组织(NOW)支持氢能产业发展。2006年，德国联邦运输和数字基础设施部启动了“氢能与燃料电池技术国家创新计划”(NIP)，之后NOW以有限公司的方式管理NIP项目。NIP主要分为两期，在项目一期从2007年到2017年，德国不仅建立起从制氢、应用再到相关核心零部件生产的完整氢能产业链，还确保了德国在燃料电池制造与供应方面的领先地位。

截至2019年年底，德国氢能示范项目已有50个，主要集中在可再生能源制氢与天然气掺氢应用方面。德国的蒂森克虏伯集团在氢能炼钢领域也已开展了相应的示范项目，并于2023年年底注入了第一批氢气，进行钢铁冶炼试验，据估算生产过程中可以减少20%的二氧化碳排放。

与日本相似，德国在推进氢能基础设施构建时，通过企业巨头组成的联盟共同推进基础设施建设。2015年由政府牵头，戴姆勒、林德气体与荷兰壳牌石油、法国道达尔等巨头共同组成了$H_2$ Mobility联盟，并与国家氢能与燃料电池组织合作参与氢能基础设施的建设和运营工作。在$H_2$ Mobility联盟的计划下，德国规划建成100座加氢站，其中以柏林、慕尼黑等为首的六大城市圈各有10座加氢站，在相邻的城市之间布局了10座，这样就形成了环网状的氢能“高速公路”。到2019年年底，已经完成计划的四分之三，建成75座加氢站，并且绝大部分的加氢站也已实现运营。

#### 2.1.4.2　法国

法国与欧盟的目标一致，在氢能发展方面，主要有序推进低碳排放。2018年，法国的国家氢能计划出台，主要明确了以下目标：实现工业级脱碳制氢，实现氢能在交通运输领域中的应用，增加氢能在电力系统中的应用。

法国在发展氢能产业方面有着较雄厚的基础，如法国液化空气集团是全球最大的制氢企业；法国的燃气集团在天然气掺氢方面也拥有较为丰富的经验；道达尔公司在氢储运技术方面也有了一定的发展；阿尔斯通公司因创新环保技术闻名世界，其研制的Coradiai Lint氢动力火车，在德国成功试运行后，已在奥地利联邦铁路投入载客运营。这些基础为法国实现国家氢能计划起到了很好的助推作用。

截至2019年，国家氢能计划已投入1亿欧元，用于研发加氢站及燃料电池汽车。根据2020年9月法国公布的《国家氢能战略》，计划到2030年投资70亿欧元进一步推动氢能的生产与应用，包括建成大规模的6.5 GW的电解槽装置等，可生产绿氢60万吨，减排二氧化碳600万吨。

此外，法国在公共研究与产业应用之间努力实现对接，根据“法国氢倡议”(IFHy)，协调公有企业和私有企业的合作关系，以确保基础研究和氢能产品商业化之间的连续性。

### 2.1.5　澳大利亚

德国认为氢能产业的发展应该走差异化发展道路，将氢能应用于难以进行电气化革新的行业；日本作为自然灾害多发的国家，将氢能作为稳定电网的重要手段。相比氢能的单一化应用，澳大利亚更重视实现氢能在多场景中的应用。因此，澳大利亚政府在发展氢能时更强调要打造以工业、交通等多场景为基础的氢能应用试点；同时，将氢能视为产品，积极扩展出口产品结构，获取更多收益。

澳大利亚的能源储存量无论是在可再生能源还是在化石能源方面都有着天然优势，其煤炭储存量占世界总储量的8.9%，在全球黑煤和褐煤资源国中排名第四，且澳大利亚的天然气资源存储量在全球排名第十一。由于其独特的地理优势，其太阳能、风能、地热能、海洋能等可再生能源丰富。澳大利亚地质科学所的数据显示，澳大利亚国土面积的11%可用于清洁氢能的生产。

2018年澳大利亚联邦科学与工业研究组织(Commonwe-alth Scientific and Industrial Research Organization,CSIRO)发布了《国家氢能发展路线图:迈向经济可持续发展的氢能产业》,澳大利亚首席科学家阿兰·芬克尔领导的氢战略小组发布了《澳大利亚未来之氢》。这两份报告系统地分析了澳大利亚氢能产业现状、存在的问题,为氢能产业的发展提供了蓝图。2019年澳大利亚政府发布了《国家氢能战略》,该战略确定了15大发展目标、57项具体行动,消除市场壁垒,旨在将澳大利亚打造成为亚洲三大氢能出口基地之一。截至2019年年底,澳大利亚政府已累计投入1.46亿澳元用于支持氢能相关工作。2021年,澳大利亚开始打造“氢簇计划”,投资185万澳元用于建设13个区域的氢能技术集群。

目前,澳大利亚已经部署了相关的示范氢能项目,主要有Jemena悉尼绿色天然气项目和Yara绿色氢工厂项目等。前者利用可再生能源电解水制取氢气,所制氢气主要应用于三种领域:加入天然气管网供用户使用,通过汽轮机发电并网,供应到加氢站供氢燃料电池车用。后者则采用可再生能源电解海水制氢,一般将海水淡化处理后进行电解制氢,得到的氢气主要用于制氨及生产农业肥料。

### 2.1.6 国外氢能政策内容比较分析

(1)氢气来源。由于各国资源禀赋存在差异,能源发展成熟度不同,因此在氢气来源方面也有所不同。

欧盟各国、日本和韩国制氢的原料主要来源于可再生能源,在氢能战略方面都强调使用清洁氢能。欧洲的光伏和风能等可再生能源丰富,虽然油气等资源匮乏,但通过可再生能源制氢,推动能源转型,也是进行深度脱碳的重要手段之一。日本能源资源匮乏,能源对外依存度高。现阶段,日本制氢环节存在短板,氢气主要依靠进口以满足内需,但日本仍然坚持发展本土可再生能源制氢。为满足产业发展需求,韩国现今的天然气裂解制氢项目难以为继,计划通过建立海外生产基地进行可再生能源制氢和海外进口等措施增加氢气供应。

与欧洲不同，美国的油气资源丰盛，氢能只是作为一种储备能源。因此，在发展氢能时主张将化石能源融入氢能经济。氢气可以由多种资源生产，包括化石燃料、核能和可再生能源（风能、太阳能、地热和生物质等）。在美国，有99%的氢气来源于化石燃料制氢，其中由天然气重整制得的占比高达95%，还有4%的是由煤气化部分氧化制得，只有1%的氢气是通过电解制得。而澳大利亚的可再生能源、化石能源储存量都具有天然优势，多为可再生能源制氢。

（2）氢能应用方向。各国对氢能的定位不同就会导致各国在氢能应用方向上也有所不同。

欧盟认为氢能是实现经济结构转型的重要途径，因此，发展氢能的最终目标是实现能源转型。氢能整体发展分为三个阶段：第一个阶段，将氢能主要应用在大型炼油厂、钢铁厂及化工厂等工业领域；第二个阶段，将氢能逐步扩展到炼钢、卡车运输等领域；第三个阶段，将氢能大规模应用于所有难以脱碳的领域。总体来看，欧盟将氢能的应用场景多布置在交通、工业和建筑物供暖等领域。

日本和韩国资源禀赋相似，资源存在短板，为保障本国能源，日韩将氢能发展都集中在氢能发电和家用热电联供方面。不同之处在于，日本氢能社会的两大支柱是车用氢能和家用热电联供氢能，而韩国氢能产业发展的重点在于交通运输、家用热电联供和分布式发电。

美国将氢能作为一种储备能源，希望将氢能发展为能源体系中的一部分。因此在推动氢能产业发展的过程中，氢能被广泛地应用于各种场景，如交通运输、工业原料、电力系统及供暖等。虽然美国没有提出燃料电池汽车的定量发展目标，但在交通运输领域已经明确提出要不断扩大长途氢燃料电池卡车的运输规模。

（3）保障措施。为推动氢能产业的发展，各国政府均为氢能发展提供了政府层面的政策保障、资金和技术支持，且均成立了专门机构负责氢能产业的发展。

欧盟为进一步推动氢能产业的发展，通过多种渠道对氢能安全管理、运营健康、关键材料替代等创新研究工作进行资金支持；此外，德国为推进氢能产业发展，还建立了完善的氢能产业管理体系。

为确保氢能产业安全可持续发展，日本在《应对气候变化创新金融战略2020》和《2050碳中和绿色增长战略》中均涉及政府支持的内容。2020年2月，韩国出台了《促进氢经济和氢安全管理法》，7月成立氢经济委员会，为氢能发展提供法律保障。

美国能源部每年为氢能和燃料电池发展提供资金支持，2020年美国能源部拨款6400万美元支持$H_2$ @Scale，拓展氢能在交通运输、钢铁和海事等领域的应用。

## 2.2　中国氢能产业发展政策

2020年，中国国家主席习近平在第七十五届联合国大会一般性辩论上发表讲话："中国将提高国家自主贡献力度，采取更加有力的政策和措施，二氧化碳排放力争于2030年前达到峰值，努力争取2060年前实现碳中和。"在"双碳"目标的背景下，我国开始重视氢能产业发展，并将其上升至国家战略高度。

与其他发达国家相比，我国氢能产业起步虽较晚，但在政府政策的大力支持下，企业积极开展产业布局与项目建设，氢能产业链已基本完善，全国初步形成从基础研究到应用研究再到示范应用的全方位格局。

2015年出台的《中国制造2025》明确了燃料电池汽车的发展目标；2016年发布的《中国氢能产业基础设施发展蓝皮书(2016)》细致分析了我国氢能产业基础设施发展的现状及存在的问题，并提出我国氢能在近期(2016—2020年)、中期(2020—2030年)和远期(2030—2050年)三个阶段的整体发展路线图及发展目标。2019年的《政府工作报告》首次写入加氢站等基础设施建设。2020年以来，为促进氢能产业健康有序发展，我国有关氢能的政策加速推出，在政策上保障了氢能产业相关研究与发展的稳步推进。

2020年，国家发改委、司法部印发《关于加快建立绿色生产和消费法规政策体系的意见》，使我国氢能产业发展迎来了重要的发展机遇。同年,李骏院士发布《节能与新能源汽车技术路线图2.0》,该路线图分别以2025年、2030年、2035年为节点,并设立产业总体发展里程碑。“十四五”规划指出:“在类脑智能、量子信息、基因技术、未来网络、深海空天开发、氢能与储能等前沿科技和产业变革领域,组织实施未来产业孵化与加速计划,谋划布局一批未来产业。”

2021年,我国有超过30个地方政府因地制宜出台了氢能产业发展的相关规划,无论是在规划数量上,还是在发展目标上,各省份对发展氢能都信心满满。这些政策总计规划建设1000座加氢站,燃料电池汽车要超过25万辆。各大企业也在不断攻克氢能储运、加氢站建设、车载储氢等氢燃料电池汽车应用支撑技术。

以广东省为例,广东省位于珠三角地区,作为最早进行改革开放的地区,珠三角的经济实力为高新技术企业的人才聚集提供了很好的助力。深圳市坐落着中国广核集团,该集团的业务工作已经从核电、核燃料等核技术覆盖到新能源领域,以核养核,滚动发展,其建设的大亚湾核电站不仅电力丰富,而且为电转为氢储能技术奠定了基础。广东省作为我国所有省市中较早发展氢能源汽车的省份,其所出台的涉及新能源汽车的政策、产业扶持政策均在不同程度上呈现出向氢能产业倾斜的趋势。2020年,深圳市发展和改革委员会印发《深圳市2019—2020年新能源汽车推广应用财政补贴实施细则》,明确了车辆购置及充电设施建设补贴,为比亚迪等汽车公司的氢能发展提供了良好的机遇。比亚迪汽车公司在新能源汽车领域已有一定的技术积累,以电动汽车为基础,进一步发展氢燃料电池汽车也是该公司的必经赛道。

江苏省制造业优势明显,在发展氢能产业时,除了将相关政策规划落实到市级单位外,还进一步下沉到县级单位。2018年,苏州市出台了《氢能产业发展指导意见(试行)》,2019年隶属苏州市的常熟市也出台了本地区氢能发展的相关政策——《常熟市氢燃料电池汽车产业发展规划》,争取突破氢燃料电池汽车的核心技术,扩大产业规模。与江苏省相似,2019年,浙江省先后出台《浙江省汽车产业高质量发展行动计划(2019—2022年)》《浙江省培育氢能产业发展的若干意见(征求意见稿)》,嘉兴市所辖的嘉善县同年发布了《嘉善县推进氢能产业发展和示范应用实施方案(2019—2022年)》,下定决心要把嘉善县打造为氢能产业应用的示范性区县,进一步扩大浙江省的汽车产业。

山西省、贵州省黔西南地区的煤炭资源储量富足;河北省拥有华北油田等油气的主产区;吉林省不仅有丰富的林业水文资源,而且还具有油气藏资源。这些省份一方面依托自然资源优势,发展工业副产氢;另一方面将可再生能源转化为氢能,推动本地其他产业的发展。2019年,山西省长治市出台《长治市上党区氢能产业扶持办法(试行)》,同年,山西省工信厅出台了《山西省新能源汽车产业2019年行动计划》。作为煤炭资源大省,山西省并不具备沿海地区的人才优势,采用补贴方式以促进氢能发展,缺少其他创新型的手段。

与山西省不同的是,贵州省虽然整体经济实力落后,但在发展氢能方面结合了自身资源优势。2019年,六盘水市出台《六盘水市氢能源产业发展规划(2019—2030年)》,该规划指出,要建立以煤制氢为核心的氢能产业链,同时还要布局建设加氢站等基础设施,进一步将氢燃料电池示范应用。对于煤制氢过程中产生的焦炉煤气,也将做一定的回收利用,努力完善形成氢能的全产业链。

除了发展氢燃料电池外,与其他省份不同的是,河北省凭借天然气工业的基础,还开展了天然气掺氢等民生用气的应用示范。据2019年发布的《河北省推进氢能产业发展实施意见》,河北省要以张家口可再生能源示范区和全球能源互联网张家口创新示范区为载体,建设张家口可再生能源制氢基地,创建张家口世界级氢能应用示范城市。同年,张家口市出台了《氢能张家口建设规划(2019—2035年)》,通过搭建氢能产业相关平台,如氢燃料电池汽车、公共监测服务等,力争突破燃料电池相关核心部件的生产技术,集成从研发到生产再到储运及应用的全氢能产业链。

吉林省依托丰富的可再生能源资源,积极推动"白城—长春—延边""哈尔滨—长春—大连"氢能走廊建设,打造氢能产业发展新高地。

2019年，白城市政府发布《白城市新能源与氢能产业发展规划》，要利用风电、光伏等可再生能源，提升氢气的生产能力，建造氢能产业集群。2022年，吉林省人民政府印发《"氢动吉林"中长期发展规划（2021—2035年）》，将以"三步走"方式，按"一区、两轴、四基地"布局氢能产业，打造"中国北方氢谷"。

山东省作为经济、能源和人口大省，是全国唯一一个拥有41个工业大类的省份。山东现正处于新旧动能转换、经济转型升级的关键阶段，面临着煤炭消费容量、环境容量的严峻挑战和"双碳"目标下经济高质量发展的压力。推动能源消费向高效清洁转型升级对于山东省高质量发展具有重要的现实意义。

山东省高度重视并积极筹划氢能产业发展，把氢能产业作为抢占新能源技术高点的重要抓手。2020年，山东省政府出台《山东省氢能产业中长期发展规划（2020—2030年）》，希望通过产业转型进一步赶超其他先进省份。济宁市出台《关于支持氢能产业发展的意见》及《济宁市加氢站建设管理暂行办法》，推进氢能技术示范应用。潍坊市政府依托潍柴集团等，对相应政策也做了跟进。此外，山东省蓄力在济南打造"中国氢谷"，在青岛建造"东方氢岛"；加强氢能在交通运输、建筑供能、工业等领域的示范应用，实现氢能大规模综合应用，打造可复制、可推广的"氢能社会"样板，切实发挥氢能产业在新旧动能转换及能源结构转型中的引擎作用。

## 2.3　国外先进国家的氢能产业发展对中国的启示

我国氢能产业发展刚刚起步，还存在基础设施缺乏、体制机制不健全等问题，应充分借鉴国外先进经验。国外在发展氢能产业时，充分思考了为什么要发展氢能，哪些领域应重点发展，如何结合本国的资源禀赋、产业基础、公民诉求等发展氢能的关键问题，出发点明确，立足点清晰，因此无论是发展方向还是研究路径，都更符合国情，贴合本国实际，基础研究与产业示范都取得了显著成效。国外这种积极、稳健的战术，不盲从地推进策略，值得我国参考借鉴。

### 2.3.1 推进跨区域、跨产业联盟，协同推动氢能基础设施建设

《中国加氢站建设与运营行业发展白皮书(2021年)》显示，截至2020年年底，全球运营中的加氢站共有578座。其中欧洲共有200座加氢站，北美共有75座加氢站，亚洲共有275座加氢站(中国已投入运营的有101座，主要服务于公共汽车、物流车和卡车等)。但我国有34个省级行政区，平均每个省的加氢站不到3个，加氢站发展建设进程缓慢。主要有以下两个原因：①加氢站建设成本高。加氢站的主要设备包括储氢装置、压缩设备、加注设备、站控系统等，其中压缩机、储氢罐、加氢机等核心设备占建设成本比重较大，分别为40%、16%、7%。由于国内缺乏成熟量产的加氢站设备厂商，进口设备推高了加氢站的建设成本。目前建设一座35 MPa、500 kg/d固定式加氢站，除去土地成本仍需1500万～2000万元，即便扣除政府补贴的300万～500万元，加氢站的投资成本依然很高，是相同规模的传统加油站投资成本的三倍。②加氢站建设标准不完善。目前国内加氢站建设参考的标准主要有《加氢站技术规范(2021年版)》(GB 50516—2010)和《加氢站安全技术规范》(GB/T 34584—2017)。其中，GB 50516—2010通过收集国内外加氢站设计、建造和运营方面的资料，结合北京、上海三座加氢站建造和运行经验编制而成。因此，我国加氢站规范安全间距数值主要采用经验类比值，设备安全间距较大，增加了加氢站的占地面积。同样，加氢站内设施与站外设施的防火间距要求也较高，进一步增加了加氢站建设用地需求，造成在城市建成区建设加氢站的难度增大，极大地影响了加氢站的推广。

为破除加氢站建设的阻力与障碍，日本与德国采取了跨产业联盟的方式，由政府牵头，带动氢能产业链各环节的相关企业共同建设，横跨了金融、技术、基础研究等多领域，涵盖了研发、示范、推广等各个阶段。各先进国家在氢能基础设施建设方面，也逐渐加大补贴力度，除了政府补贴，还有意提高社会资本的投资积极性，政府、社会协同推进氢能发展。此外，跨区域联盟还可以在一定程度上解决同行之间的不良竞争问题，集中研发力量突破氢能某一环节的核心技术。

### 2.3.2 提升认知、扩大视角，推动构建氢能多元化应用场景

自氢能作为一种清洁能源，受到国内外的广泛关注以来，就出现了“扎堆造车”的现象，然而氢燃料电池汽车在现有氢能基础配套设施不完善的情况下，前景不容乐观。氢燃料电池汽车相对于传统的电动汽车而言，其动力系统更复杂，不仅需要动力驱动系统、燃料电池系统及储氢系统完美配合，确保其安全性也是一项技术难题。且燃料电池电堆制造需要用到贵金属铂，铂价格高昂，使得燃料电池成本较高，这在一定程度上造成燃料电池产业化进程缓慢。

我国在发展氢能时需进一步明确氢能产业的定位，让氢能在现代能源系统中发挥载体和媒介作用。美国在发展氢能时将其视为备选手段；相反地，由于能源匮乏，日韩发展氢能的模式是将其视为目的，用来解决本国内能源短缺、能源安全等问题；欧盟则是将氢能视为手段，发展氢能是为了破解其在能源转型中的问题，并实现脱碳目标；澳大利亚无论是可再生能源还是化石能源储量都比较丰富，在对待氢能产业时，更多是将氢能作为产品，扩展出口产品结构，从而获得更多的经济收益。

自2020年开始，我国国家统计局在《能源统计报表制度》中将氢气纳入了能源统计，作为能源系统的新成员，氢能的发展必须服从能源革命的总体要求。应利用其特点，发挥氢能在可再生能源消纳、增强能源系统灵活性方面的作用，构建氢能多元化的应用场景。

虽然我国拥有多个与氢能存在替代关系的能源解决方案，发展氢能非必选项，但即使作为备选项，将氢能发展为战略储备能源也是很有必要的。这需要从我国能源系统的核心问题出发，利用氢能的特点与优势，找准切入点，发挥其在可再生能源消纳等方面的作用，寻找将其融入能源系统的合适路径。

# 第3章　氢气制备和利用现状

在全球温室气体减排的大背景下，氢气作为实现“脱碳”的重要能源载体，成为世界各国关注的焦点。氢作为宇宙中分布最为广泛的元素，在自然界中主要以化合物的形式存在于水和化石燃料中。2000年以来，氢燃料电池、风电/光伏电解水制氢等高效电化学技术逐步突破，使得氢气被当作能源消费侧的清洁高能燃料。目前全球氢气的生产及利用主要集中在以化工等行业为主的工业领域，以“原料”利用为主，以“燃料”利用为辅。

当前，我国经济总量已跃居世界前列，成为世界上最大的能源生产国和消费国，预计到2050年，氢气的年需求量将提升至6000万吨，在我国终端能源体系中占比达10%。到2060年，为实现碳中和目标，氢气年需求量将增加到1.3亿吨左右，在我国终端能源体系中占比达到20%。而中国氢能联盟与石油和化学工业规划院统计数据显示，2019年我国氢气产能约为4100万吨，产量约为3342万吨。因此，保持氢气的稳定供给是氢能技术发展的重要前提。

通过能量输入的方式从含氢原料中提取工业氢气的过程，被称为人工制氢。按照氢气的生产来源不同，世界能源理事会将氢气分为三种：“灰氢”“蓝氢”和“绿氢”。“灰氢”是指通过化石燃料燃烧产生的氢气，在生产过程中会排放大量的二氧化碳。灰氢的生产装置规模较小，制氢过程中难以实现较经济的碳捕捉、利用及封存。“蓝氢”是在灰氢的基础上，应用碳捕集和封存技术，实现低碳制氢，其氢能制取的规模相对较大。通过太阳能、风力等可再生能源发电进行电解水制取的氢气,被称为“绿氢”,该制氢过程中没有碳排放。随着可再生能源制氢、氢燃料电池汽车、天然气掺氢燃烧等技术的发展与应用,绿氢替代化石能源制氢是未来工业领域实现绿色低碳转型的主要路径之一。

## 3.1　灰氢

灰氢的来源主要有化石能源制氢和工业副产氢。化石能源制氢主要包括利用煤炭、天然气等能源制取氢气。目前煤制氢、天然气重整制氢的技术路线相对成熟;工业副产氢主要包括焦炉煤气、氯碱尾气、丙烷脱氢、乙烷裂解等工业副产气制氢。灰氢虽然在生产中的碳排量较高,但其具有生产成本较低、技术成熟、效率高等优点。目前,市面上绝大多数氢气是灰氢,约占全球氢气产量的95%。

从氢气制备的生产原料构成来看,我国氢源以煤为主,产能占比为59%;高温焦化和中低温焦化(兰炭、半焦)副产煤气中的氢,产能占比为20%;天然气制氢和炼厂干气制氢,产能占比为16%;而甲醇制氢、烧碱电解副产氢等,产能占比仅为5%(见图3.1)。

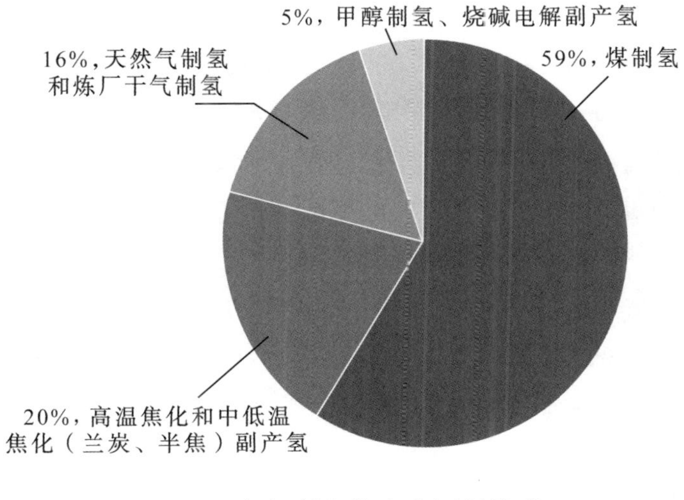


图3.1　氢气制备的生产原料构成

从生产形式来看,大部分氢气都是产生于传统煤化工和现代煤化工配套的原料氢气发生装置,以煤、天然气或焦炉气为原料制取合成氨、甲醇等,而氢气作为生产过程中的中间原料而存在。独立的制氢装置主要存在于炼油、合成氨、煤制油、煤焦油加工等生产过程中:炼油厂主要采用煤制氢、天然气制氢或甲醇制氢来提供油品加工或化学品生产所用的氢气原料;合成氨厂主要采用煤制氢、天然气制氢来提供氨合成所用的氢气原料;煤制油厂主要采用煤制氢、尾气制氢来提供油品合成及加工生产所用的氢气原料;煤焦油加工厂的氢气一般为焦炉煤气经提纯和转化而来。

### 3.1.1 煤制氢

全球碳捕集与封存研究院(Global CCS Institute)发布的数据显示,2020年,全球通过煤炭生产的氢气占比达13.4%。目前,我国的制氢技术以煤制氢为主。国内产能最大的制氢装置在中国石化下属的茂名石化,2011年该制氢装置开工建设,主要采用了美国通用电气能源集团的气化工艺,将煤炭或者焦炭转化为粗合成气,再进一步生产氢气。与传统的制氢工艺相比,该制氢装置可节约成本20%~25%,且已在金陵石化、齐鲁石化、南化公司得到应用。

煤制氢主要包括煤焦化制氢和煤气化制氢两种。前者是指煤在隔绝空气的条件下,在900~1000 ℃制取焦炭。在煤焦化的过程中会产生副产品焦炉煤气,而焦炉煤气中含有55%~60%的氢气。后者是指煤在高温高压的条件下通过与气化剂反应转化为气体产物,这些气体产物中就含有氢气,氢气的含量往往因气化方法不同而异。目前,煤制氢主要以煤气化制氢为主。

煤炭与氧气发生不完全氧化反应,生成以氢气和一氧化碳为主要成分的混合气体,然后再经过脱硫、一氧化碳变换等环节生成更多的氢气,最后经过分离、提纯等,得到一定纯度的氢气。总的来说,煤气化制氢的工艺流程一般包括煤的气化、一氧化碳变换、氢气提纯等主要生产环节,如图3.2所示。

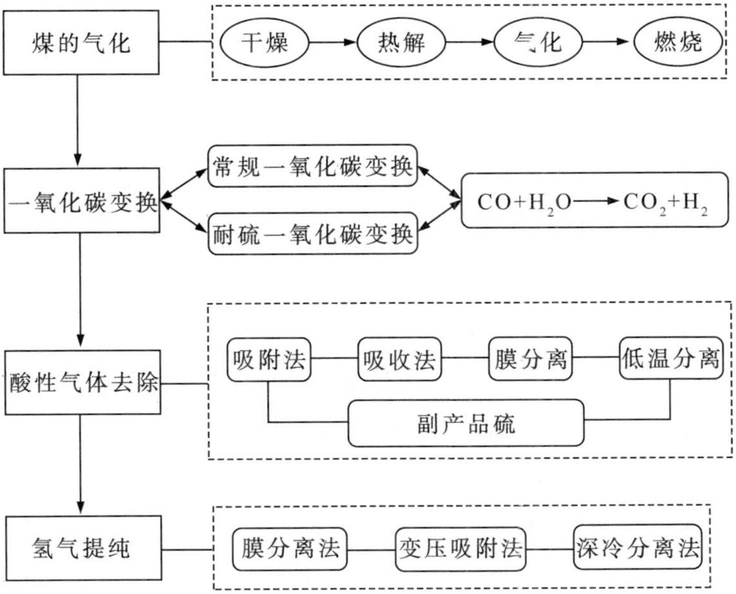


图3.2 煤气化制氢技术的工艺流程

(1)煤的气化。在高温高压的条件下,以煤为原材料,以氧气[①]、水蒸气作为气化剂,将煤或煤焦通过化学反应转化为可燃性气体。煤的气化整体过程包括干燥、热解、气化、燃烧四个阶段。

随着气化炉内温度的升高,煤或者煤焦中的水蒸气会受热蒸发,此属于第一个阶段——干燥。温度进一步升高,煤分子发生热分解反应,在生成大量的挥发性物质的同时,煤黏结成半焦,在更高的温度下,通入的气化剂与经过热解后的半焦发生化学反应生成气态产物[②],即粗煤气。气化过程主要的化学反应有:

①水蒸气转化反应:$C + H_2O \longrightarrow CO + H_2$;

②水煤气变换反应:$CO + H_2O \longrightarrow CO_2 + H_2$;

③部分氧化反应:$C + \frac{1}{2}O_2 \longrightarrow CO$;

④完全氧化(燃烧)反应:$C + O_2 \longrightarrow CO_2$;

① 氧气可以是空气、富氧、工业纯氧。

② 该气态产物的主要成分有一氧化碳、氢气、甲烷、二氧化碳、氮气、硫化氢、水等。

⑤甲烷化反应：$CO + 3H_2 \longrightarrow CH_4 + H_2O$；

⑥二氧化碳还原反应：$C + CO_2 \longrightarrow 2CO$。

（2）一氧化碳变换。在催化剂的作用下，令煤气化产生的合成气中的一氧化碳与水蒸气反应生成二氧化碳和氢气，即为一氧化碳变换的过程，涉及的化学反应有水煤气变换反应。一氧化碳变换工艺主要有两种：常规变换和耐硫变换。

①常规变换。合成气在进行一氧化碳变换反应之前，要先在脱硫系统中进行脱硫处理，然后再对发生变换反应之后的合成气进行脱碳处理。整体工艺过程为脱硫—变换—脱碳，较为烦琐，所需设备多，能耗也相对较高。②耐硫变换。与常规变换工艺不同的是，耐硫变换处于脱硫系统的上游，即合成气不需要先进行脱硫处理，在耐硫变换催化剂作用下完成一氧化碳变换后，进入低温甲醇洗流程，随后在吸收塔内完成脱硫、脱碳的操作。

催化剂的性能往往决定了一氧化碳变换的效率。根据催化剂的活性有效成分，一般可将变换催化剂分为三类：铁-铬系催化剂、铜-锌系催化剂、钴-钼系催化剂。

铁-铬系催化剂的变换工艺操作温度一般在350～550 ℃，为中高温变换工艺。该催化剂的抗硫毒性较差，在进行整个一氧化碳变换工艺时需要更多的蒸汽，因此对水气比有最低要求。

铜-锌系催化剂的变换工艺操作温度一般在190～280 ℃，为低温一氧化碳变换工艺。通常低温一氧化碳变换工艺需要在中高温变换工艺后进行，可以将合成气中剩余3%～5%的一氧化碳降低到0.3%左右。与铁-铬系催化剂相比，铜-锌系催化剂的抗硫毒性能更差，要求合成气中的总硫含量在0.1 mg/L以下，所以一氧化碳变换工艺若选择铜-锌系催化剂作为反应催化剂，则必须在变换反应前进行精准的脱硫操作。在制氢时，如果原材料为天然气，一般会选取铜-锌系低温变换催化剂。

钴-钼系催化剂的变换工艺属于耐硫宽温一氧化碳变换工艺，其操作温度一般在200～550 ℃。与前两者催化剂显著不同，钴-钼系催化剂具有很高的抗硫毒性能,所以对于合成气中的硫含量没有上限要求。煤气化后的合成气中含有较多的硫,若采用铁-铬系催化剂,则较高浓度的硫化物会使催化剂中毒,降低催化剂活性。若先经过低温脱硫处理,再进行一氧化碳变换,两种工艺由低温到高温,设备投资较高,能耗大。因此在煤制氢的工艺中一般选择耐硫宽温一氧化碳变换工艺,且该工艺已较为成熟。

(3)酸性气体去除。经过一氧化碳变换过程后,合成气的主要成分有二氧化碳、氢气以及部分硫化物。酸性气体的捕集方法主要有吸附法、吸收法等。吸附法是指当酸性气体与固体多孔吸附剂接触时,酸性气体会通过分子间作用力吸附在固体材料表面。常见的吸附剂有活性炭、金属有机骨架化合物等。吸收法是目前相对成熟的技术,按二氧化碳是否与吸收剂发生化学反应,分为物理吸收和化学吸收两类。前者较适用于压力较高的情况,后者适用于压力相对较低的场合。国内外应用较多的吸收法有低温甲醇洗法、热钾碱法和MDEA(N-甲基二乙醇胺)法。

低温甲醇洗法是一种物理吸收方法,采用冷甲醇作为溶剂,对二氧化碳、硫化氢等都具有较高的选择性,在吸收二氧化碳的同时还能实现精准脱硫,且能耗较低。热钾碱法是采用碳酸钾作为吸收剂,在高温条件下进行二氧化碳脱除。高温下,碳酸钾吸收二氧化碳会生成碳酸氢根:

$$CO_3^{2-} + CO_2 + H_2O \rightleftharpoons 2HCO_3^-$$

在加压加热的条件下,碳酸氢根会释放出二氧化碳,重新生成碳酸钾:

$$2KHCO_3 \rightleftharpoons K_2CO_3 + CO_2 + H_2O$$

N-甲基二乙醇胺属于胺类吸收剂,吸收容量大,但是吸收速率较慢。

此外,酸性气体的去除方法还包括膜分离法和低温分离法:前者通过膜对酸性气体的渗透选择性不同而分离酸性气体,但尚处于探索阶段;后者通过低温冷凝分离酸性气体,能耗相对较高。

(4)氢气提纯。粗氢气的提纯方法有膜分离法、深冷分离法、变压吸附法。目前,变压吸附法是常用的氢气提纯方法,无论是在操作难易程度还是在能耗控制及规模化利用方面都有较大的优势。

表3.1对膜分离法、深冷分离法、变压吸附法进行了简单的比较,可以看出变压吸附法无论是在操作难易程度、所需压力,还是在氢气纯度、氢气回收率方面都具有较高的优势。

**表3.1 膜分离法、深冷分离法、变压吸附法的比较**

| 项目 | 膜分离法 | 深冷分离法 | 变压吸附法 |
|---|---|---|---|
| 能耗 | 低 | 高 | 低 |
| 操作难易程度 | 简单 | 较难 | 简单 |
| 氢气纯度/% | 80～99 | 90～99.9 | 99～99.999 |
| 氢气回收率/% | 75～85 | 92～97 | 80～95 |
| 所需压力/MPa | 3～15 | 1～8 | 0.5～3.0 |

变压吸附法通过利用固体材料对气体组分的吸附特性、气体在固体吸附剂上的吸附量会随着压力变化而变化的特性,实现对气体的分离和提纯。在氢气提纯过程中,需严格按照吸附、解析再生、升压这三个环节,逐步实现对气体的分离和提纯;在此过程中还需根据气体总量和气体分离顺序严格控制各步骤的时间。

吸附是利用浓缩反应原理,将两种不同的相组成一个较为完整的体系,这导致两个界面的外部与内部不一样,从而使两相在这两个界面上产生浓缩反应,两个相之间相互吸引,达到吸附的目的。气体分离的过程就是气体按照一定的顺序不断返回原来相的过程。

解吸再生的主要目的是实现固体吸附剂的再生循环,使固体吸附剂可以不断完成吸附任务,减少吸附材料的浪费。在解吸再生完成后,下一步就进入升压环节。将气体的压强升高,不仅可以使气体分离,提高气体纯度,而且为下一次的吸附做准备,保障下一次吸附可以顺利完成。该技术可以将氢气的浓度提高到99%以上,还可以根据工业生产需要调节所需氢气的纯度。

### 3.1.2　天然气制氢

随着天然气供销储产业链的完善,全球每年约48%的氢气来自天然气制氢,天然气制氢逐渐成为全球氢气的主要来源。表3.2是全球化石能源制氢及我国氢气生产结构表,如表所示,我国天然气制氢仅占比19%,低于全球水平48%。原因在于我国天然气供给有限,天然气制氢的经济性远低于国外。

**表3.2　全球化石能源制氢及中国氢气生产结构**

| 制氢原料及方式 | | 全球 | 中国 |
|---|---|---|---|
| 化石能源制氢 | 煤制氢 | 18% | 59% |
| | 天然气制氢 | 48% | 19% |
| | 石油制氢 | 30% | 18% |

天然气的主要成分是甲烷,天然气制氢实质上是利用甲烷参与反应制备合成气。目前,天然气制氢技术较为成熟可靠。在天然气资源富足的国家,天然气制氢技术占据经济上的优势地位。天然气制氢技术主要有四种:甲烷水蒸气重整制氢、部分氧化制氢、甲烷自热重整制氢以及甲烷裂解制氢。

#### 3.1.2.1　甲烷水蒸气重整制氢

甲烷的化学结构稳定,在高温条件下才具备反应活性,且水蒸气便宜易得,因此甲烷水蒸气重整制氢成为国内外普遍采用的制氢路线。甲烷水蒸气重整制氢主要包括四个步骤:天然气预处理、蒸汽转化、一氧化碳变换、氢气提纯。具体工艺流程如图3.3所示。

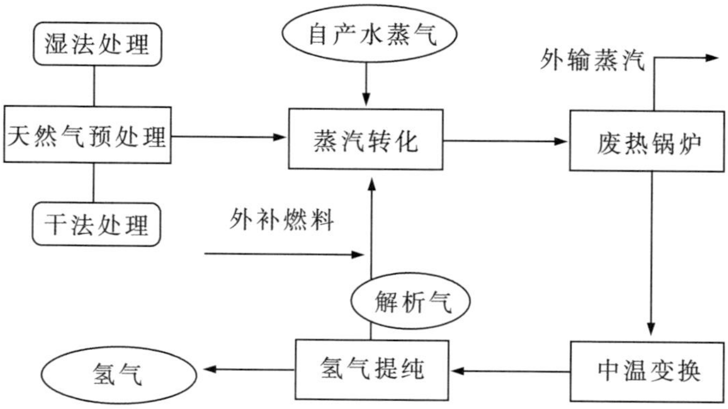


图3.3　甲烷水蒸气重整制氢工艺流程

(1)天然气预处理。为了防止在蒸汽转化单元出现催化剂中毒的问题,在天然气制氢的过程中,必须将天然气中的硫含量降到1 mg/L以下。因此,在进行蒸汽转化阶段之前,必须对天然气进行预处理。天然气中含有一定量的硫化氢,硫化氢是一种高毒和强腐蚀性的气体,但同时又是一种重要的硫资源。在进行后续工艺之前要先对硫化氢进行脱硫处理,以保障后续天然气制氢工艺的安全性。目前,湿法脱硫与干法脱硫是常见的天然气脱硫处理工艺。

①湿法脱硫。湿法脱硫主要有三种类型:化学溶剂脱硫、物理溶剂脱硫、物理化学混合溶剂脱硫。

化学溶剂脱硫是指利用碱性溶剂与天然气中的硫化氢发生可逆化学反应的原理进行脱硫。当碱性溶剂吸收硫化氢后,再通过降压升温的方式将硫化氢释放出来,碱性溶剂可以实现多次循环利用。碱性溶剂大多使用醇胺溶剂,通过醇胺溶剂对天然气进行脱硫处理也是当下常用的技术类型,醇胺溶剂主要包括乙醇胺、二乙醇胺、二异丙醇胺及甲基二乙醇胺。根据当下行业统计数据,在天然气预处理装置中,以醇胺溶剂作为化学溶剂对天然气进行脱硫处理的占比高达70%。

物理溶剂脱硫是指利用溶剂对天然气烃类溶解度不同的原理进行脱硫。物理溶剂的选择较多,有甲醇、多乙二醇二甲醚等。该方法能耗较低，经过脱硫处理后的天然气质量也较高；但整个溶解过程较慢，溶解效率低，对于企业实现经济利益最大化目的有所偏差。因此要想达到规模化利用，提高溶解效率，降低成本是关键。

混合溶剂脱硫技术主要以砜胺法为主，兼顾了化学溶剂和物理溶剂的脱硫优势，在天然气预处理过程中不仅可以有效降低硫化氢的含量，还可得到净化度较高的天然气。

②干法脱硫。干法脱硫实际上是利用固体脱硫剂实现对天然气的预处理，主要有活性炭脱硫法、分子筛脱硫法。

活性炭的稳定性较高，即使在湿气中也能实现对硫化氢的吸附；且价格低廉，成本投入少，是具有经济优势的固体脱硫剂。随着技术不断地迭代更新，出现了以浸渍活性炭作为固体脱硫剂的现象。与传统的活性炭相比，浸渍活性炭的表面结构更加特殊，脱硫效率更高，可有效实现对硫化氢的吸附，达到净化天然气的目的。

目前，分子筛脱硫法在天然气脱硫中应用较为广泛。当分子筛的孔径在1 nm时，天然气中的硫化氢会被筛分得更加细致。在实际应用时，为保证分子筛的脱硫质量，一般会采用三甘醇脱水与分子筛工艺相结合，处理天然气中的水分，进而实现对天然气的有效预处理。

随着科技不断进步发展，出现了一些新型脱硫方式，如膜分离脱硫、低温分离脱硫、生化脱硫等。膜分离脱硫技术利用硫化氢与甲烷的渗透差异来实现对天然气的预处理，在国外工厂中应用比较广泛。低温分离脱硫技术虽然在成本、能耗方面具有较大的优势，但当下工业装置中应用较少。生化脱硫技术利用嗜硫代硫酸盐绿硫细菌来达到净化天然气的目的，作为绿色的脱硫技术，具有环境污染小、脱硫率高等优点，未来会有很大的应用前景。

综上，湿法脱硫技术的脱硫效率较高，稳定性较好，在脱硫过程中可以将硫化氢转化为单质硫，应用价值较高。但湿法脱硫的装置能耗大、成本高，需要更专业的技术人员操作，中小企业实现湿法脱硫具有一定的难度。与湿法脱硫工艺相比，干法脱硫工艺更加简单，整体设备投入较少，成本较低，可以更好地满足中小企业发展需要。现阶段，脱硫技术种类繁多，各企业也在根据自身需求、自身优势选择不同的脱硫工艺，以不断提高天然气的净化效率及自身的经济利益。

(2)蒸汽转化。天然气经过脱硫处理后，会进入蒸汽转化单元。水蒸气与净化后的天然气混合进入转化炉，在镍系催化剂的作用下，将烃类物质进行转化，生成含有氢气、一氧化碳、二氧化碳等组分的转化气。这一过程主要发生的化学反应如下：

$$CH_4 + H_2O \longrightarrow CO + 3H_2$$

$$CO + H_2O \longrightarrow CO_2 + H_2$$

蒸汽转化过程中发生的反应属于强吸热反应，需要在750～920 ℃的高温条件下进行，以保证甲烷的转化效率。

这一过程中，转化炉是保证反应有序进行的关键设备。在国际上，转化炉通常以顶烧炉和侧烧炉为主导。国内的转化炉以顶烧炉为主。在进行蒸汽转化相关反应时，转化炉通过辐射传热，将燃烧所产生热量的50％供给转化反应，约30％的能量以蒸汽的形式输出，整体能效可达80％。

制氢转化炉本质上是一台管式的反应器，转化炉内设置了装有催化剂的转化炉管，在炉膛内直接接收燃烧器的辐射传热，以满足整个转化反应所需的热量。在原料气进入转化炉之前，一般要先经过转化炉的对流段，将原料气预热到500～650 ℃，之后在转化炉内完成转化反应生成合成气，转化炉出口温度一般在820～870 ℃，而转化炉的炉膛温度则高达1000 ℃，操作条件更为苛刻。

在甲烷水蒸气重整制氢的过程中，转化炉排出的烟气含有大量的余热，降低烟气的排出温度也是提高转化炉效率的有效手段之一。转化炉的高温烟气会带走大量的热量，导致转化炉内的热量不足，效率降低；且排烟温度过高，会影响引风机的正常运行，增加安全生产的风险。此外，顶烧炉的炉型方正，体量过大，在炉管材质选择、燃烧器布置、耐火材料选择、炉顶热风道设置等各个方面都需要精心考虑。

(3)一氧化碳变换(合成气转换)。经过蒸汽转化的高温合成气需要经过废热锅炉回收热量；此外，合成气中含有大量的一氧化碳，且其具有较高的反应活性，为获取更多的氢气，需要进行一氧化碳变换。随着技术发展，甲烷水蒸气重整制氢近年来一直采用的是高温变换加低温变换的两段工艺设置，以实现对资源的节约。具体与一氧化碳变换相关的信息已在3.1.1节中做了详细叙述，此处不再赘述。

(4)氢气提纯。如何对合成气实现氢气的精准高效分离，一直是学者们关注的热点。西南化工研究设计院有限公司先后突破了大规模、高压力、多杂质气源的氢气吸附分离提纯技术难题，设计出拥有国际领先水平的变压吸附装置，该装置利用混合气体中不同的气体组分存在吸附特性的差异，利用压力变化及吸附剂，使得混合气中的不同组分实现分离和净化。相关变压吸附的基础信息已在3.1.1节中做了详细叙述，此处不再赘述。

此外，国外的学者还研究出一种钯材料的选择性透氢膜，该透氢膜与流化床结合可设计出流化床反应器，可以将氢气从反应产物中分离出来。

### 3.1.2.2　部分氧化制氢

部分氧化制氢技术是指利用天然气与氧气的不完全氧化反应制取氢气。部分氧化制氢技术按照反应过程中是否有催化剂的参与，又分为催化部分氧化和非催化部分氧化。

催化部分氧化是指在催化剂的作用下，将天然气部分氧化为氢气和一氧化碳，主要的反应方程式为：

$$CH_4 + \frac{1}{2}O_2 \longrightarrow CO + 2H_2$$

该反应整体上为温和的放热反应，反应温度为750～900 ℃，不需要外界供热，可避免使用耐高温的合金钢管反应器。与甲烷水蒸气重整制氢相比，部分氧化制氢技术的反应速率更快，且部分氧化制氢技术可以在更大的空速下进行；且对于同等规模的装置，部分氧化制氢技术的反应器体积更小，但制氢过程中需要输入纯氧，因此需要在装置中配备空分系统，这在一定程度上增加了该工艺的技术建设投资。

部分氧化制氢的反应器主要采用的是高温无机陶瓷透氧膜。美国能源部已投入8600万美元,重点研究天然气部分氧化制氢工艺,采用高温无机陶瓷透氧膜作为该工艺的反应器。与常规的生产过程相比,该反应器投资约降低25%,整体的生产成本下降了40%左右。中国科学院大连化学物理研究所、中国科学技术大学和南京化工大学等单位也开展了相同的研究工作,其所制备的透氧膜材料,透氧量、稳定性均能满足应用的要求。此外,部分氧化制氢的研究现集中在催化剂活性、稳定性、抗积碳能力等方面,由于反应放热,催化剂的床层易出现热点,导致催化剂烧结失活。

非催化部分氧化是在高温、高压、无催化剂的条件下制取氢气。将天然气和纯氧混合通过喷嘴喷到转化炉中,在射流区发生氧化燃烧反应。在不采用催化剂的条件下,反应的平均温度高于1200 ℃,这对反应器的材质要求很高。

2020年,气态烃类非催化部分氧化制合成气成套技术与装备通过了石化联合会科技成果鉴定。目前,国际上拥有以天然气为原料的非催化部分氧化技术的专利的单位仅有美国GE公司、美国壳牌公司和中国的华东理工大学。气态烃类非催化氧化技术已成功运用到了新疆天盈石化的天然气制乙二醇工业生产中,实现了天然气非催化部分氧化制氢工艺的国产化。

天然气两种部分氧化技术各有利弊,学者们的研究重点也不尽相同。催化部分氧化工艺研究主要集中在以下几个方面:操作体系的安全性、催化剂床层的热点问题等。非催化部分氧化工艺虽不需要催化剂,无需加热,也不用对天然气进行脱硫处理,但其反应温度较高,导致转化炉烧嘴的寿命较短,对转化炉耐温材料和热量回收设备的要求较高。

#### 3.1.2.3 甲烷自热重整制氢

随着对甲烷水蒸气重整技术以及部分氧化技术的研究日渐深入,研究者们提出了一种将水蒸气引入催化部分氧化反应中的技术,该技术通过调整$CH_4$、$H_2O$、$O_2$的进料比例,实现天然气的自热重整。甲烷自热重整技术将放热反应与强吸热反应进行了耦合,氧化反应释放的热量供给蒸汽重整的吸热反应，使得该体系可以实现系统的自热，不再需要外部供热，实现整体系统的热量均衡，提高了能量的使用效率及能量利用率。

通常，甲烷自热重整有两种组合形式：甲烷水蒸气重整和甲烷部分氧化相结合；甲烷干重整和甲烷部分氧化相结合。两种组合方式的反应机理相同，均为利用部分氧化反应所放出的热量为蒸汽重整反应提供热量，以达到甲烷自热重整制氢的目的。前者的组合方式较为常见，可以解决甲烷水蒸气重整技术中的高能耗问题以及在部分氧化制氢过程中的安全隐患问题，同时还兼具了甲烷水蒸气重整技术与部分氧化技术的优点。

与天然气重整工艺相比，甲烷自热重整技术在整个反应过程中可以实现快速开始和快速停止。同时，该系统中吸热反应和放热反应几乎同时进行，不仅有效降低了反应器内的高温，而且对整个反应体系能耗的降低也有很大帮助，进而降低生产成本。与天然气部分氧化反应相比，甲烷自热重整技术由于水蒸气的进入，在单位时间内可以生成更多的氢气，这在一定程度上提高了氢气的生成效率。但该技术也需要建设大型生产装置，设备投资的费用较高。

#### 3.1.2.4　甲烷裂解制氢

与甲烷水蒸气重整技术、部分氧化反应技术、甲烷自热重整技术不同的是，甲烷裂解制氢过程不需要含氧反应物的参与，其反应方程式为：

$$CH_4 \longrightarrow C + 2H_2$$

即通过裂解反应，甲烷被分解为氢气和固态的碳，而不伴随二氧化碳的产生。而除甲烷裂解制氢技术路线以外的上述制氢技术在氢气的生产过程中都会产生大量的二氧化碳，在一定程度上会影响环保效益。

甲烷裂解制氢主要有热裂解和催化热裂解两种，即在高温条件下，甲烷吸收能量而分解，两者的区别在于是否使用催化剂。催化热裂解制氢工艺与其他天然气制氢工艺相似，在进入催化反应器之前要先对天然气进行预处理——脱水、脱硫、预热等，然后天然气在催化剂的作用下生成氢气和固态碳。甲烷裂解制氢为吸热反应，所以无论是热裂解还是催化热裂解制氢，对热量的供应要求均较高。当反应器内反应完成后，生成的氢气会经过气固分离装置分离，然后再经过变压吸附技术，对氢气进一步纯化。对于固定/移动床催化反应器，反应生成的碳会随着催化剂从底部流出反应器，机械振动筛会进一步将催化剂与碳分离；对于熔融相催化反应器，反应生成的碳会随着氢气一并进入气固分离装置分离并被收集。通过过程设计和控制，碳产物可用于纳米碳管、石墨烯、人造石墨等高附加值产品的生产。

甲烷裂解制氢技术虽然不产生二氧化碳，将碳元素以固体碳的形式进行固定，避免了二氧化碳的产生，但对于固相催化剂体系而言，裂解反应产生的碳会聚集在催化剂的表面，易导致催化剂失活。因此在经过系列反应后，会采用物理方法剥离催化剂表面的积碳，以延长催化剂的使用寿命，但催化剂的再生过程会导致制氢成本的上升。此外，也可采用化学方法剥离积碳，即在反应器中引入空气或者纯氧，通过燃烧使催化剂再生，但该过程会产生二氧化碳、一氧化碳。

催化剂性能的优劣往往直接决定了整个制氢工艺成本的高低，因此学者们更多关注开发高效且耐积碳的固相催化剂。近年来，业界更加关注并开发动态更新的熔融液相催化剂，利用其特性促使反应在液相中进行，避免了传统甲烷催化裂解因反应生成的碳粉吸附在催化剂表面，覆盖活性位点造成催化剂寿命大幅降低的缺陷，有力地保障了反应持续、稳定地进行。催化裂解中使用的催化剂包括单金属、合金、碳等固相催化剂和熔融金属、合金、盐等熔融液相催化剂。

对固相催化剂的研究主要集中在催化剂本身的活性、催化剂载体及催化剂助剂。金属催化剂主要是以锗(Ge)、铂(Pt)、钯(Pd)、铑(Rh)、钌(Ru)等为代表的贵金属催化剂，以及以镍(Ni)、钴(Co)、铁(Fe)为代表的非贵金属催化剂。金属催化剂可单独以金属氧化物的形式制成催化剂，也可负载在载体上形成催化剂，其活性较高，稳定性好，但是价格较为高昂，因此在工业生产中使用金属催化剂要平衡催化剂的成本和催化剂性能。非金属催化剂目前主要是碳基催化剂，如碳纳米管、煤焦、石墨烯等，像活性炭、炭黑等也可作为催化剂。与金属催化剂相比，碳基催化剂在参与甲烷裂解制氢时不需要再额外去除催化剂表面的积碳，可以有效降低制氢过程中二氧化碳的排放量。

催化剂的载体对于催化剂活性的发挥有着重要的影响，催化剂载体与适宜的活性组成配合，在一定程度上可以提高催化剂的活性及其在高温下的稳定性。在天然气制取氢气的工艺中，采用的催化剂大部分是镍基催化剂，这些催化剂主要负载在$\gamma-Al_2O_3$、MgO、尖晶石等具有耐高温性能的材料上。

在天然气催化裂解的反应中，单金属催化剂中的金属活性组分会在反应过程中缓慢聚集烧结，导致催化剂的活性降低。而催化剂助剂的引入，可以提高催化剂整体的性能。催化剂助剂在整体反应中所起的作用主要集中在两个方面：一是催化剂载体，二是活性组分。催化剂助剂可以使催化剂载体的表面积增大，提高其热稳定性；其次，助剂对改善载体与金属之间的相互作用也有一定帮助，提高催化剂载体的抗烧结及抗积碳能力。同时，催化剂助剂可以提高金属在催化剂载体表面的分散度，对于提高催化剂的初始活性有一定的促进能力。

对于熔融液相催化剂体系，需要兼顾低熔点、高沸点、良好的化学稳定性、低黏度以及低张力等特点，目前的研究主要集中在催化剂的组分或组成的设计以提升催化剂活性和裂解效率。金属催化剂主要包括以镓(Ga)、锡(Sn)、镁(Mg)、铜(Cu)、碲(Te)等为代表的单质催化剂，以及以铜铋合金($Cu_{0.45}Bi_{0.55}$)、镍铋合金($Ni_{0.27}Bi_{0.73}$)、镍锡合金($Ni_2Sn_8$)、镍钼铋合金(NiMoBi)等为代表的合金催化剂。然而，熔融态金属与正在生成的碳原子相互作用以及金属蒸发沉积在固体碳表面造成碳材料纯度不高，若进行后续净化处理，成本可能会急剧增高。目前，只有熔融Cu体系，可以获得高附加值少层石墨烯，但反应温度更高。在工业生产中，使用金属催化剂，要平衡催化剂的成本和催化剂性能。与熔融金属相比，熔融盐成本更低，且生成的覆有金属盐的固体碳可以在单独的容器中以较低温度将金属盐去除。金属盐如氯化钾/氯化锰($KCl/MnCl_2$)、氯化钾/氯化铁($KCl/FeCl_3$)、氯化钾/氯化铜($KCl/CuCl_2$)以及部分溴化盐等受到广泛关注。然而,仅含熔融盐的甲烷裂解反应体系很难在较低温度下实现较高转化率。因此,在熔融盐中加入一些金属催化剂构成熔融金属与熔融盐两相或多相液相介质是近期人们关注的重点。最终目的是形成低熔点、高活性、低成本、低金属污染的熔融液相介质。

### 3.1.3 工业副产氢

工业副产氢是工业产品在生产过程中的副产物,其副产物成分较复杂,且氢气纯度较低。目前,工业副产氢主要有煤焦化副产氢、氯碱工业副产氢、丙烷脱氢副产氢、合成氨副产氢。各工业副产氢具体对比如表3.3所示。

**表3.3 各工业副产氢对比表**

| 副产氢类别 | 工艺名称 | 生产方式 | 生产原理 |
|---|---|---|---|
| 煤焦化副产氢 | 湿法熄焦 | 冷水喷淋对焦炭降温 | 高温水煤气反应 |
| | 干法熄焦 | 循环氮气降温 | 煤中少量烃裂解生产氢气 |
| 氯碱工业副产氢 | 电解法制碱及氯气 | 电解饱和氯化钠溶液 | 正电荷氢离子向阴极移动,氢气从阴极析出 |
| 丙烷脱氢副产氢 | 催化脱氢 | 在循环流化床或固定床反应器中脱氢 | 烷烃在高温催化下脱氢形成烯烃和氢气 |
| 合成氨副产氢 | 连醇法 | 利用合成氨生产环节剩余氢气生产甲醇 | 含氢弛放气①进入合成氨生产环节 |
| | 合成法 | 先制备含氢合成气,再制备合成氨 | 未反应氢气以尾气释放 |

①弛放气:合成回路中惰性气体积累太多,直接引出一股作为驰放气,用来减少合成回路中循环气中惰性气体的含量。

(1)煤焦化副产氢。煤焦化副产氢是指煤炭在高温条件下干馏生成焦炭，副产的焦炉煤气中混合有大量氢气，成分占比可达55%～60%。焦炉煤气中成分较多，除氢气外，还有19%～27%的甲烷、5%～8%的一氧化碳、1.5%～3%的二氧化碳，此外还有一些其他杂质。通常情况下，可直接通过净化、分离、提纯得到氢气，又或者对焦炉煤气中的甲烷进行转化提取氢气。

焦炉煤气制氢根据规模不同采用的技术也略有差异。小规模的焦炉煤气制氢一般采用变压吸附技术，氢气提取后，剩余气体继续作为燃料进行再利用；大规模的焦炉煤气则要结合深冷分离法[①]和变压吸附技术，先通过深冷分离法分离出甲烷，再经过变压吸附技术提纯氢气。

我国作为焦化产业大国，焦化产能分布较为广泛，例如山西、内蒙古、陕西等省份可实现近距离点对点的氢气供应，进一步充分发掘焦炉煤气的产能，且实现产品高附加值化是该行业的重点关注方向。与直接使用天然气制氢、煤制氢技术相比，虽然焦炉煤气制氢增加了焦炉煤气的净化流程，能耗有所增加，但氢气的产量大幅度提升，且焦炉煤气制氢的成本更低，更具经济优势，是进行大规模高效生产低成本氢气的有效途径。

(2)氯碱工业副产氢。氯碱工业是我国的基础工业，且我国是世界上烧碱产能最大的国家，占全球产能的40%。相比于焦炉煤气资源相对集中的分布，氯碱工业分布得更为广泛，以山东、江苏、浙江、河南、新疆、内蒙古等省份为主要的生产地，此外，在天津、安徽、陕西等地也有分布，生产基地与氢能潜在的负荷中心重合。

氯碱工业是指用离子膜或石棉隔膜电解槽电解饱和氯化钠溶液，生产烧碱、氯气和氢气等基础工业原料。在电解过程中，氯化钠溶液中的氢离子带正电荷，在电解池的阴极得电子，被还原为氢气，而氯离子在阳极失电子，被氧化为氯气，此时的电解液也变为氢氧化钠溶液，经过浓缩干燥得到烧碱。氯碱工业生产的氢气纯度约为98.5%，含有

① 通常采用机械方法，如用节流膨胀或绝热膨胀等方法，把气体压缩、冷却后，利用不同气体沸点上的差异进行精馏，使不同气体得到分离。

部分氯气、氧气、氯化氢、氮气以及水蒸气等杂质。制得的氢气通过纯化处理可达到燃料电池的用氢标准，因此发展氯碱工业制氢是降低氢运输成本，提高竞争力的有效举措，被学者们认为是氢能发展的理想制氢途径。

（3）丙烷脱氢副产氢。近年来，我国对丙烯的需求量快速上升。工业上生产丙烯的主要方式是催化裂解乙烯联产丙烯、催化裂化炼厂气分离等，随着技术的进步，以Oleflex和Catofin为代表的丙烷脱氢技术逐渐成熟并成功实现了工业化应用。在高温催化作用下，丙烷中的碳氢键断裂，氢原子脱离丙烷生成丙烯，并产生大量的氢气。丙烷脱氢产生的氢气经过变压吸附技术提纯，也可满足燃料电池的用氢标准。

截至2020年，我国共完成了13个丙烷脱氢项目，预计在“十四五”期间，我国丙烷脱氢项目总产能将突破1000万吨/年，副产氢气也将超过40万吨/年。从丙烷脱氢项目布局角度来看，我国丙烷脱氢的产能主要布局在东部沿海地区，如山东、江苏、浙江、广东、福建等地方，与我国布局氢能的城市群高度重叠，有效降低了氢气的运输成本。

## 3.2 蓝氢

蓝氢也可由煤或天然气等化石燃料制得，与灰氢的区别在于，蓝氢生产过程中采用了碳捕集等先进技术，温室气体被捕获，减轻了对地球环境的损害，实现了低碳排放。

碳捕集主要有两种方式：碳捕集与封存（carbon capture and storage，CCS），碳捕集、利用与封存（carbon capture，utilization and storage，CCUS）。CCS是指将二氧化碳以碳储存的手段输送并封存在地下或者海底，使之与大气隔绝。CCUS技术是CCS技术的新发展趋势，该方法是先对二氧化碳进行捕集、提纯，继而再投入新的生产过程，达到循环再生的目的。与CCS技术相比，CCUS将二氧化碳资源化利用，更具有现实操作性。

如图3.4所示，CCUS产业链可总结为“捕、运、存、用”，分别代表了二氧化碳捕集、二氧化碳运输、二氧化碳的封存与利用。

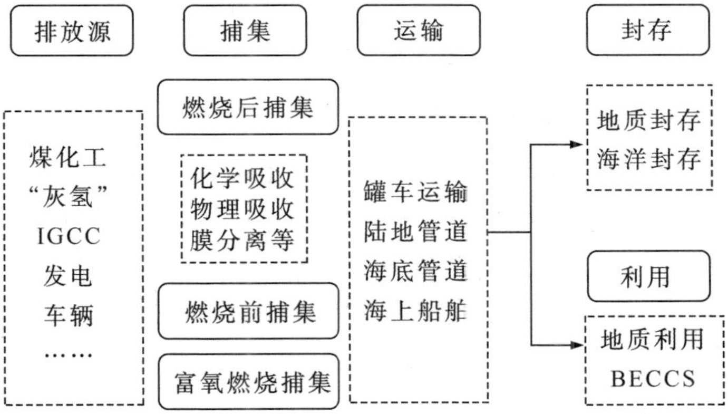


图3.4 CCUS产业链示意图

### 3.2.1 二氧化碳捕集

目前,国内外捕集二氧化碳的方式主要有三种:燃烧前捕集,燃烧后捕集以及富氧燃烧捕集。而现有最成熟的二氧化碳捕集技术是在燃烧后捕集,不同的捕集技术因混合气体中二氧化碳浓度不同、气体压力不同而存在差异。

#### 3.2.1.1 燃烧前捕集

燃烧前捕集技术可用于涉及煤炭气化的整体煤气化联合循环(IGCC)发电厂、基于煤基合成气的煤化工厂等产生的二氧化碳的捕集。该系统主要由煤的气化、净化部分以及燃气-蒸汽联合循环发电这几部分组成,将煤气化技术与联合循环技术相结合,形成高效先进的动力系统。水煤气经过变换后会形成二氧化碳和氢气,这时的二氧化碳浓度较高,对二氧化碳进行捕集较容易,整体能耗较低。美中不足的是,IGCC系统仍存在投资成本太高、可靠性有待加强等问题。

#### 3.2.1.2 燃烧后捕集

在燃烧后排放的烟气中将二氧化碳进行分离的技术称为燃烧后捕集技术,该方法主要适用于煤粉电厂烟气、水泥厂烟气、钢铁厂烟气等。目前,主要有吸附分离法、吸收分离法及膜分离法等。现阶段,该技术已经相对成熟，但还需关注二氧化碳捕集过程中的能耗与成本问题。

（1）吸附分离法。吸附分离法指在一定条件下，选取具有吸附性的多孔介质对二氧化碳进行选择性吸附。多孔介质一般为活性炭、沸石、分子筛等。由于吸附剂往往对有毒气体较为敏感，所以在选取吸附剂对二氧化碳进行捕集前，先要对混合气体进行预处理，以免导致吸附剂中毒，因此采用吸附分离法得到的二氧化碳纯度较高。

顾名思义，吸附分离法具有吸附和分离两个阶段：对二氧化碳完成吸附后，需要进一步将二氧化碳解吸，即脱附过程。吸附剂完成吸附后其表面会聚集大量的二氧化碳，通过改变压力、温度条件，使二氧化碳脱离吸附剂，吸附剂再生并恢复吸附能力。根据二氧化碳与吸附剂的结合方式不同，吸附又分为化学吸附和物理吸附两种，前者的结合力主要是化学键之间的作用力，而后者多依赖于物质之间的范德华作用力。

根据吸附方式的不同，又可将吸附分离法分为变温吸附和变压吸附。由于在实际的生产应用过程中，温度的调节速度相对较慢，且能耗较高，所以工业应用过程中较多采用变压吸附方式。变压吸附原理已在第一章进行了详细表述，此处不再赘述。近年来，国内外的学者在传统吸附技术的基础上，提出了新型的吸附技术，如将变温吸附与变压吸附技术相结合的变温变压吸附法、变电吸附技术以及真空吸附技术等。

虽然采用吸附法捕集的二氧化碳纯度高，但在吸附过程中需要对气体进行增压，对二氧化碳脱附时也需要升温，吸附剂再生所需能耗较高。

（2）吸收分离法。吸收分离法是利用混合气体中的不同组分在吸收剂中溶解度不同的原理，达到对二氧化碳捕集的目的。当混合气体与吸收剂接触时，一些可以溶解的气体组分会溶解到吸收剂中，而不能溶解的组分会继续留存在混合气体的气相中，从而达到混合气体分离的目的。当吸收剂捕集二氧化碳达到饱和时，通过加热分解，将二氧化碳与吸收剂分离。

采用吸收分离法捕集二氧化碳的技术已较为成熟,已实现工业化应用,这也是首个达到工业化应用的捕集燃烧后二氧化碳的技术。目前,吸收剂多采用胺基溶剂。

(3)膜分离法。用于气体分离的膜与过滤器类似,混合气体中的不同组分对于同一膜具有不同的渗透速率。不同气体在膜的两侧会形成压差,在压差的作用下,渗透速率较高的气体会透过渗透膜在膜另一侧富集,进而将特定气体组分从混合气体中分离。膜分离法操作比较简便,但对混合气的要求较高,且分离得到的二氧化碳产物纯度不高。

(4)低温分离法。混合气体中不同组分间的沸点存在差异,利用该原理,在低温条件下对混合气体进行冷凝液化处理,进而将二氧化碳从混合气体中分离出来的方法即低温分离法。该方法的整个过程较为简单,但随着二氧化碳不断被分离出来,二氧化碳分压会逐渐减小,在二氧化碳浓度较低的情况下,低温分离法的效率较低、成本较高。因此,低温分离法比较适合于含有较高浓度二氧化碳的混合气体,当二氧化碳含量大于90%时,低温分离法回收率高、经济效益好。

(5)金属氧化物法。利用碱性金属氧化物对二氧化碳进行捕集,金属氧化物与酸性气体会发生化学反应生成碳酸盐。然后,在高温条件下,碳酸盐发生逆向反应,会再生金属氧化物,且分离后的二氧化碳已去除了烟气中的水分。

#### 3.2.1.3 富氧燃烧捕集

富氧燃烧捕集技术也称燃烧中捕集技术,将高浓度的氧气与二氧化碳混合燃烧,产生高纯度的二氧化碳,可直接用于储存。与燃烧后捕集技术不同,富氧燃烧捕集技术不需要昂贵的二氧化碳捕集装置,而需要为氧燃料系统提供高纯氧气的空气分离装置。富氧燃烧捕集技术采用的深冷空分制氧所需能耗高、成本大。目前主要是对现有化石燃料燃烧装置进行改造,将这些装置由空气助燃改造为氧气助燃,从而实现二氧化碳捕集,但该技术仍处于研究完善阶段。德国的黑泵电厂已建成30 MW的示范装置;美国、日本、瑞典等国家已经相继完成了中试、商业运行,在富氧燃烧技术上处于领先位置;我国的华中科技大学、浙江大学等也已开展相关研究。

除以上三种二氧化碳捕集技术外,还有化学链燃烧捕集技术,但该技术目前还处于基础研究和试验研究阶段。化学链燃烧是指利用载氧体将空气中的氧传递给燃料,燃烧产生的高浓度二氧化碳可直接进行分离。该技术主要有原位气化和氧解耦两种。目前,美国的阿尔斯通电力,瑞典查尔姆斯理工大学,德国达姆施塔特工业大学,国内的东南大学、华中科技大学等在进行研究,重点突破固体载氧体、新型反应器、系统耦合优化等技术。

现阶段,我国二氧化碳捕集技术研究已取得一定进展,如表3.4所示,我国燃烧前捕集技术水平基本与国际先进水平持平,整体上处于工业示范阶段。在燃烧后捕集技术方面,相较于国际水平有些滞后,但整体处于中试阶段,尤其是燃烧后化学吸收法,发达国家已处于商业化应用阶段,而我国仍处于工业示范阶段。对于富氧燃烧技术,整体发展较为缓慢,国内外均处于中试阶段。

**表3.4 国内外二氧化碳捕集技术示范应用情况(部分)**

| 捕集技术 | 项目 | 规模/(万吨/年) | 国家 | 年份 |
|---|---|---|---|---|
| 燃烧前物理吸收 | 肯铂IGCC项目 | 300 | 美国 | 2010 |
| | 得州IGCC项目 | 240 | 美国 | 2015 |
| | 神华集团包头煤制甲醇项目 | 650 | 中国 | 2010 |
| 燃烧前化学吸收 | 华能天津IGCC电厂碳捕集项目 | 10 | 中国 | 2015 |
| 燃烧后化学吸收 | 南方能源Barry电厂燃煤烟气项目 | 15 | 美国 | 2012 |
| | 边界大坝燃煤电厂烟气项目 | 100 | 加拿大 | 2014 |

续表

| 捕集技术 | 项目 | 规模/(万吨/年) | 国家 | 年份 |
|---|---|---|---|---|
| 燃烧后化学吸收 | 佩特拉诺瓦(Petra Nova)燃煤电厂烟气项目 | 140 | 美国 | 2019 |
| | 得州清洁能源项目 | 220 | 美国 | 2019 |
| | 胜利油田燃煤电厂烟气项目 | 4 | 中国 | 2010 |
| | 陕西国华锦界$CO_2$捕集示范项目 | 15 | 中国 | 2021 |
| | 国家能源集团泰州CCUS项目 | 50 | 中国 | 2023 |
| | 华能集团宁夏电厂相关项目 | 150 | 中国 | 2024 |
| 常压富氧燃烧 | 瑞典大瀑布电力公司相关项目 | 10 | 瑞典 | 2008 |
| | 勃兰登堡州Janschwalde发电厂相关项目 | 500 | 德国 | 2015 |
| | 富腾-梅里波里发电厂相关项目 | 565 | 芬兰 | 2015 |
| | 坎贝尔B&W项目 | 100 | 美国 | 2016 |
| | 国家电力公司-Compostilla项目 | 500 | 西班牙 | 2015 |
| | 华中科技大学碳捕集项目 | 35 | 中国 | 2014 |

如表3.5所示，我国二氧化碳捕集示范项目现多采用燃烧后捕集，主要集中在华东、华北地区。尽管我国在二氧化碳捕集技术方面不断发展，但由于起步较晚，与国际水平相比仍存在差距。

表 3.5　我国二氧化碳捕集示范项目(部分)

| 项目 | 地点 | 规模 | 类型 | 碳汇 | 投运/年 |
|---|---|---|---|---|---|
| 华能北京热电厂碳捕集项目 | 河北高碑店 | 300吨/年 | 燃烧后捕集 | 食品 | 2008 |
| 华能上海石洞口碳捕集项目 | 上海石洞口 | 12万吨/年 | 燃烧后捕集 | 食品 | 2009 |
| 中石化胜利油田碳捕集项目 | 山东东营 | 4万吨/年 | 燃烧后捕集 | 驱油 | 2010 |
| 中电投重庆双槐碳捕集项目 | 重庆合川 | 1万吨/年 | 燃烧后捕集 | 工业利用 | 2010 |
| 神华鄂尔多斯碳捕集项目 | 内蒙古鄂尔多斯 | 10万吨/年 | 燃烧前捕集 | 咸水层 | 2011 |
| 国电恒泰营城碳捕集项目 | 吉林营城 | 10万吨/年 | 富氧燃烧捕集 | 工业利用 | 2015 |
| 华能天津绿色煤电碳捕集项目 | 天津滨海新区 | 6万～10万吨/年 | 燃烧前捕集 | 驱油/咸水层 | 2016 |
| 华润海丰碳捕集测试项目 | 广东汕尾 | 2万吨/年 | 燃烧后捕集 | 食品行业/地质封存 | 2019 |
| 华能碳捕集项目 | 陕西 | 15万吨/年 | 燃烧后捕集 | 咸水层 | 2020 |

### 3.2.2　二氧化碳运输

通常，二氧化碳捕集地与二氧化碳封存地之间距离几千米到几百千米不等，二氧化碳运输作为CCS技术和CCUS技术的中间环节，从捕集地安全高效地输送到目的地对实现二氧化碳封存与利用至关重要。

二氧化碳的临界温度为31.1 ℃，临界压力为7.38 MPa，可以以气态、液态、超临界①等多种相态存在。二氧化碳的运输方式有罐车运输、船舶运输及管道运输。

① 超临界二氧化碳是处于超临界温压条件下的二氧化碳。

对于短距离和小体积运输，二氧化碳可以通过卡车或铁路罐车运输，该运输方式相对灵活，但运输成本也更高。船舶运输二氧化碳与液化石油气和液化天然气的运输方式相似，适合大容量、超远距离、靠近海洋或江河等地的二氧化碳运输。二氧化碳船舶运输比管道运输具有更大的灵活性，特别是在有多个海上存储设施可以接收二氧化碳的情况下。然而，目前大规模的船舶运输二氧化碳尚未得到应用。

管道运输适合大容量、长距离、负荷稳定的定向输送，输运管道的尽头距离封存二氧化碳的地点较近，以方便专业人员对二氧化碳进行后续的封存工作。现阶段，世界上约有10000 km的二氧化碳运输管道，其中，最长的管道是美国的科泰兹(Cortez)管道，将纯二氧化碳从科罗拉多州运输到得克萨斯州用于石油开采，总长度为800多km。美国约有5800 km管道运输的二氧化碳采用的是超临界相态。如表3.6所示，国外多数的超临界二氧化碳运输管道位于美国。其中韦伯恩(Weyburn)管道是目前世界上最长的运输含有杂质的二氧化碳的管道，将从美国大平原合成燃料厂捕集到的二氧化碳输运到加拿大的恩卡纳(EnCana)油田进行再利用。

**表3.6　国外部分超临界二氧化碳运输管道分布表**

| 管道 | 国家 | 管道长度/km | 管道 | 国家 | 管道长度/km |
|---|---|---|---|---|---|
| Cortez | 美国 | 808 | Central Basin Pipeline | 美国 | 278 |
| Sheep Mountain | 美国 | 660 | North EastJacksonDome | 美国 | 295 |
| Bati Raman | 土耳其 | 90 | Weyburn | 美国/加拿大 | 328 |
| Bravo | 美国 | 350 | Val Verde | 美国 | 130 |
| Canyon Reef | 美国 | 225 | Snohvit | 挪威 | 153 |
| Bairoil | 美国 | 180 | | | |

从经济效益出发，管道输运超临界相态下的二氧化碳是最安全经济的方式。2023年5月，我国首条大规模二氧化碳输送管道——齐鲁石化-胜利油田百万吨级CCUS示范项目二氧化碳输送管道全线贯通。这是国内首条百公里超临界相态下输运二氧化碳的管道，输送规模达百万吨/年。这是我国首次实现液体二氧化碳长距离密相管输，对推动我国CCUS全产业链规模化发展具有里程碑意义。

### 3.2.3 二氧化碳封存

联合国政府间气候变化专门委员会(IPCC)的研究表明，二氧化碳性质稳定，可以在相当长的时间内被封存。将捕集到的二氧化碳经过压缩处理后将其永久性储存在合适的场所。该技术不仅能在源头上避免二氧化碳的排放，而且还可以大规模地减少大气中已有的二氧化碳量。

全球理论二氧化碳地质封存容量为6万亿～42万亿吨，海底理论封存容量为2万亿～13万亿吨。如表3.7所示，北美的二氧化碳地质封存容量为2.3万亿～21.53万亿吨，容量最高。全球碳捕集与封存研究院(GCCSI)认为美国拥有2万亿～21万亿吨的二氧化碳封存潜力。北美碳封存图册(NACSA)显示，美国和加拿大含油气盆地二氧化碳封存潜力分别为1200亿吨和160亿吨，咸水层封存潜力分别为16100亿～201550亿吨和280亿～2960亿吨。

**表3.7 全球主要国家及地区二氧化碳地质封存容量与二氧化碳排放量**

| 国家/地区 | 理论封存容量/(万亿吨) | 2019年二氧化碳排放量/(亿吨/年) | 至2060年二氧化碳累积排放量估值/(万亿吨) |
|---|---|---|---|
| 中国 | 1.21～4.13 | 98 | 0.40 |
| 亚洲(除中国) | 0.49～0.55 | 74 | 0.30 |
| 北美 | 2.30～21.53 | 60 | 0.25 |
| 欧洲 | 0.5 | 41 | 0.17 |
| 澳大利亚 | 0.22～0.41 | 4 | 0.016 |

我国理论二氧化碳地质封存容量为121百亿～413百亿吨，容量

较高。咸水层、油气田等地质构造的地质层是我国适宜封存二氧化碳的地点，大部分封存点位于松辽盆地、渤海湾盆地、鄂尔多斯盆地和准噶尔盆地等地区。

二氧化碳封存技术一般有地质封存和海洋封存两种。

地质封存技术是指将超临界状态的二氧化碳注入地质结构中。在地下温度和压力作用下，二氧化碳会保持液态，穿过多孔岩，填满孔隙的微小空间，实现对二氧化碳的封存。地质封存技术主要有衰竭油气藏封存、咸水层封存、$CO_2$-EOR（提高石油采收率）封存、$CO_2$-ECBM（提高煤田甲烷采收率）封存。

将二氧化碳注入油田会提升地层压力，同时降低残余油量、气饱和度，使油更易流动，提高采油率，以达到增产石油并封存二氧化碳的目的，对保障国家能源安全和保护生态环境具有双重意义。我国二氧化碳封存技术主要以$CO_2$-EOR封存技术为主，大庆油田、胜利油田以及华东油气分公司等均已实施了$CO_2$-EOR的示范项目。

将二氧化碳注入煤矿中也可提高煤层气的采收率。与甲烷相比，二氧化碳对煤层结构的微孔表面更具有亲和力，所以当二氧化碳注入煤层后，其会与煤层微孔表面的甲烷竞争，将煤层气驱逐出来。现阶段，$CO_2$-ECBM封存技术仍处于探索阶段。

有研究表明，由于咸水层富含不适合农业、生活用的咸水，且一般在地下深处，拥有巨大的二氧化碳封存潜力，因此很适合封存二氧化碳。挪威在1996年就启动了在咸水层对二氧化碳进行封存的北海油田斯莱普纳（Sleipner）项目，这是全球首个二氧化碳地质封存的商业化项目。

海洋封存是指将二氧化碳运输到海底进行封存。大气中有80%的二氧化碳被海洋吸收，作为自然界最大的碳库，通过人工将二氧化碳封存到海洋中是可行且具有潜力的方法。目前海洋封存技术主要有三种：海洋水柱封存、海洋沉积物封存、生物封存。

海洋水柱封存指的是利用船舶与管道直接将二氧化碳注入海水中，二氧化碳在不同深度下会呈现出不同的状态。在水深为1000～

2500 m时，在压力的作用下，二氧化碳能较好地与海水相融。当水深大于2500 m时，二氧化碳会变成液态且密度远大于海水，逐渐下沉形成特殊的“碳湖”。海洋沉积物封存是指在低温高压的深海环境下，二氧化碳会形成一种晶状水合物，该水合物会填充到沉积物的孔隙中，以降低其渗透率和孔隙度，从而有效阻止二氧化碳向上扩散，抑制二氧化碳泄漏，达到封存二氧化碳的目的。生物封存是指通过增加浮游生物的数量，借助浮游生物的光合作用将二氧化碳由无机碳形式转化为有机碳形式，从而使大气中的二氧化碳减少，实现二氧化碳的封存。

海洋封存技术虽然前景较好，但仍存在许多问题。与地质封存相比，海洋封存的成本更高，施工难度也较大。无论采用何种方式封存，都会存在二氧化碳泄漏的问题，而海洋封存时泄漏的二氧化碳会使海水酸化，危害海洋生物的多样性及生存。海洋封存二氧化碳现多停留在试验研究阶段，未进行大规模应用。

近年来，有学者提出二氧化碳封存的新技术——矿石碳化，即二氧化碳会与氧化镁、氧化钙进行反应生成碳酸盐，碳酸盐性质比较稳定，因此可以实现二氧化碳的固化。

### 3.2.4 二氧化碳利用

二氧化碳利用主要有地质利用、生物利用等。地质利用主要包括二氧化碳驱油以及煤层甲烷回收，即$CO_2$-EOR与$CO_2$-ECBM。地质利用已在3.2.3节中叙述，此处不再赘述。

除了地质利用，二氧化碳还被应用在化工、生物等领域。在化工领域，二氧化碳与氨气合成尿素、与氯化钠生成纯碱等均已实现较大规模的商业化应用。在生物领域，作为植物进行光合作用的原料，二氧化碳可用于提高农作物产量；此外海洋微藻固碳利用技术在合成医药品、保健品等方面具有较好的商业化前景。在物理领域，二氧化碳可以作为惰性气体应用于焊接、灭火，也可作为冷却剂、保鲜剂、清洁剂。

2021年9月，中国科学院天津工业生物技术研究所的科研团队在实验室首次实现了二氧化碳到淀粉的从头合成。该技术不依赖植物的光合作用,以二氧化碳和氢气作为原料进行淀粉的合成。这一科研成果有望颠覆传统的农业种植模式,将淀粉生产转向工业生产车间,对粮食生产产生革命性的影响。目前该成果仍处于实验室阶段,距离实际的应用还有较长的距离。

## 3.3 绿氢

为实现《巴黎协定》目标,全球能源体系要从以化石燃料为基础的能源体系,转变为更高效、可再生的绿色低碳能源体系。在氢气制取过程中,只产生氢,碳排放达到净零即为绿氢。故绿氢被称为最纯正的绿色新能源,在全球新能源转型中扮演着重要角色,也将是全球氢能供应与应用体系发展的关键环节。

绿氢的生产方式有电解水制氢、太阳能制氢、生物制氢、电解海水制氢及其他制氢方式。

### 3.3.1 传统电解水制氢

电解水制氢是以电能作为能量来源,使水分子在电极上发生电化学反应,即阴极发生析氢反应,阳极发生析氧反应。目前,电解水制氢主要有碱性电解水制氢、质子交换膜电解水制氢、固体氧化物电解水制氢和阴离子交换膜电解水制氢。其中,质子交换膜电解水制氢目前已实现初步商业化,但成本较高。四种技术对比如表3.8所示。

**表3.8 四种电解水制氢技术对比表**

| 项目 | 碱性电解水制氢 | 质子交换膜电解水制氢 | 固体氧化物电解水制氢 | 阴离子交换膜电解水制氢 |
|---|---|---|---|---|
| 电解质 | 30%的氢氧化钾水溶液 | 质子交换膜 | 固体氧化物 | 阴离子交换膜 |
| 工作温度/℃ | 70～90 | 50～80 | 700～850 | 40～60 |

续表

| 项目 | 碱性电解水制氢 | 质子交换膜电解水制氢 | 固体氧化物电解水制氢 | 阴离子交换膜电解水制氢 |
| --- | --- | --- | --- | --- |
| 电流密度范围/($A/cm^2$) | <0.8 | 1~4 | 0.2~0.3 | 1~2 |
| 电解效率 | 60%~75% | 70%~90% | 85%~100% | 60%~75% |
| 优点 | 技术成熟度高,成本低 | 安全无污染,灵活性高,可适应波动性电源 | 效率高,无污染 | 非铂金属催化剂,启停便捷,无污染 |
| 缺点 | 强碱易腐蚀,产气需要脱碱 | 成本高 | 工作温度过高,启停不便 | 核心技术有待突破 |
| 成熟度 | 商业化成熟 | 初步商业化 | 技术不够成熟,尚未产业化 | 实验室研发阶段 |

碱性电解水制氢的技术成熟度最高,商业应用最多,成本最低。一般采用30%的KOH水溶液作为电解液,以石棉、陶瓷等多孔材料作为隔膜。在应用上,碱性电解水技术存在强碱易腐蚀电极、产气需要脱除碱等问题。为了克服以上缺点,研究人员又开发出了一种阴离子交换膜电解水制氢技术,利用成本较低且气密性良好的阴离子交换膜代替碱性电解水制氢技术中的隔膜。阴离子交换膜电解水制氢技术将传统的碱性电解水制氢与质子交换膜电解水制氢技术相结合,同时具备两者的优势。目前,国内外的研发机构及企业如美国国家可再生能源实验室、Proton OnSite公司,德国Enapter公司,以及我国的武汉大学与中国科学院,主要集中在阴离子交换膜与高活性非贵金属催化剂的研发阶段。

质子交换膜电解水制氢技术选取了全氟磺酸膜作为固体电解质,该交换膜具有良好的化学稳定性、质子传导性等,可以确保纯水在电极催化剂的作用下进行高效的分解,以制取氢气。与碱性电解水制氢技术及阴离子交换膜电解水制氢技术相比,质子交换膜电解水制氢具有更大的电流密度,电流密度范围可达1～4 A/cm²,且具有更高的产品气体纯度。虽然质子交换膜电解水制氢技术已在加氢站现场制氢等地得到示范应用,但由于全氟磺酸膜的价格昂贵,且其选取的是贵金属催化剂,整体投资成本、运营成本较高,在一定程度上抑制了其大规模推广。目前,降低催化剂与电解槽的材料成本,提高电解槽的工作效率与使用寿命,是质子交换膜电解水制氢技术发展的研究重点。

固体氧化物制氢技术与前三种电解水制氢技术不同,它采用的是固体氧化物电解质,其阴极材料多选用多孔陶瓷,阳极材料多用钙钛矿氧化物等非贵金属催化剂,整体反应温度高,可达850 ℃,能量转化效率较高。虽然固体氧化物电解水制氢技术不需要使用贵金属作为催化剂,在一定程度上可以降低成本,但其反应温度范围对材料的化学稳定性等有较高要求,因为在高温下常规的材料在电解模式下会存在严重的阳极极化和脱层现象,这同时也限制了该技术的推广和应用。目前,国内外的研发机构及企业纷纷加入固体氧化物电解水制氢技术的研发中,如日本三菱重工、东芝,美国爱达荷(Idaho)国家实验室、布鲁姆能源(Bloom Energy)公司,国内的清华大学、中国科学院、中国科技大学等高校。若可以解决陶瓷等电极材料在高温条件下的寿命问题,固体氧化物电解水制氢技术有望成为未来高效制氢的重要途径。

我国在碱性电解水制氢方面已基本实现完全自主,生产成本较低,出口竞争力较强;质子交换膜电解水制氢技术更适合应用于可再生能源制氢和电力调峰储能领域,目前国内刚开始推广应用,但技术水平与国外还有一定差距,投资较高。而固体氧化物电解水制氢技术在国内还处于实验室研发阶段。

### 3.3.2 太阳能制氢

绿氢制取的主流技术除电解水制氢之外,还有直接利用太阳能制氢,这不仅实现了分散、不稳定的太阳能的长期储存以及重新分配,且随着太阳能制氢关键技术的突破,未来有望实现廉价氢气的大规模制取，助力全球能源体系由化石能源向清洁能源转型，满足世界范围内的能源需求。

利用太阳能制氢的方法主要有太阳能热分解水制氢、太阳光催化分解水制氢、太阳光电电解水制氢等多种。

(1)太阳能热分解水制氢。太阳能热分解水制氢技术是利用太阳能集热器收集太阳能，将太阳能转化为热能，进而制取氢气的技术。目前，太阳能热分解水制氢主要有直接热分解水制氢技术和热化学循环分解水制氢技术。前者是将太阳能集热器转化的热能直接传递给水，使水直接分解成氢气和氧气。由于水的热分解需要在温度大于2227 ℃的条件下才能进行，且温度越高，水的分解效率越高，当温度达到4427 ℃时，水分解反应的吉布斯自由能[①]接近于零。虽然太阳能直接热分解水制氢技术在1971年就已出现，但随后的发展比较缓慢，主要是由于该技术还有两个问题未解决：在高温下氢气和氧气的分离问题，高温下太阳能反应器的材料问题。随着聚光技术和膜科学技术的发展，太阳能直接热分解水制氢技术的可行性得到了论证，科学家们开始对提高高温反应器的制氢效率和研发更为稳定的多孔陶瓷膜反应器进行研究。

为降低太阳能分解水制氢的反应温度，在水中加入催化剂，将水的分解过程分为多步进行，达到降温的目的。由于在该反应中，催化剂可以反复地使用，因此这种制氢方法又被称为热化学循环法。热化学循环法对反应温度要求较低，低于730 ℃就可反应，且制氢效率可达50%。据反应过程所需步数的不同又有两步热化学循环分解水制氢和多步热化学循环分解水制氢之分。目前，科学家们已经研究出近百种热化学循环制氢的方法，采用的催化剂多为卤族元素、金属化合物等。热化学循环法作为很有发展前景的制氢方法，科学家们正积极探索研究催化剂对环境的影响、新的耐腐蚀性材料等，以适应未来大规模工业制氢的需要。

2021年6月，德国宇航中心(Deutsches Zentrum für Luft-und

① 化学反应总是朝着吉布斯自由能减小的方向进行，当达到最低时也就是变化值为0时反应达到平衡。

Raumfahrt,DLR)太阳能研究中心研究员克里斯蒂安·萨特勒发现,在铜矿开采中使用的硫酸处理工艺与硫基太阳能热化学制氢工艺之间存在协同联系,即混合硫(HyS)技术。该技术是在900 ℃的高温太阳热下分解硫酸,步骤如下:

①硫酸在高温下分解为二氧化硫、氧气和水,即

$$H_2SO_4 \longrightarrow SO_2 + \frac{1}{2}O_2 + H_2O$$

②二氧化硫和水在二氧化硫去极化电解器下生成氢气和硫酸,即

$$SO_2 + 2H_2O \longrightarrow H_2SO_4 + H_2$$

如图3.5所示,二氧化硫在电解的作用下生成硫酸和氢气,而硫酸分解产生的二氧化硫可再用于电解反应,如此反复形成闭合循环,产生氢气。

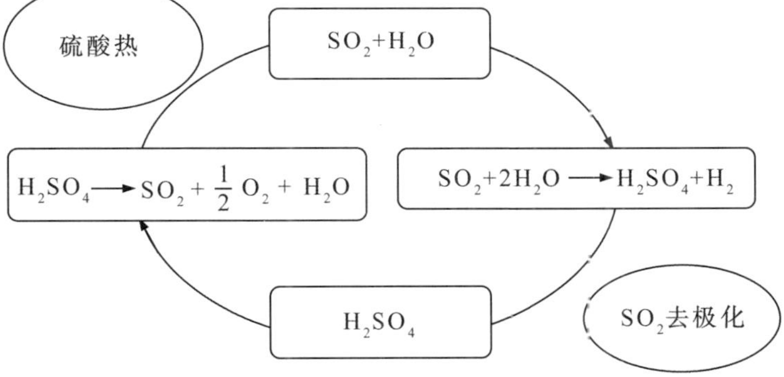


图3.5　混合硫(HyS)技术反应图

与传统电解水制氢技术相比,$SO_2$去极化电解仅需要约七分之一的电能。目前,德国、澳大利亚、美国等国家已成立研究小组研究硫基太阳能热化学工艺。

(2)太阳光催化分解水制氢。光催化制氢技术是利用太阳光在半导体光催化剂的作用下制取氢气,实现光能转化为化学能。光催化制氢技术又分为光催化分解水制氢技术和光催化有机物重整制氢技术。

光催化分解水制氢本质上是半导体材料的光电反应,其理论依据是半导体的能带理论。半导体的价带和导带是半导体能带结构的重

要组成部分，价带上充满电子，导带是空的，价带和导带之间的区域被称为禁带。当半导体吸收光子后，价带上的电子就会被激发到导带上，在导带生成光生电子，价带上则留下了光生空穴。电子-空穴对（光生载流子）会由半导体内部向表面迁移，当电子-空穴到达半导体表面时，就会与半导体表面的水分子或者其他物质发生反应，通过光生电子将水分子还原为氢气，光生空穴则将水分子氧化为氧气。在电子-空穴对的迁移过程中，极易发生两者的复合，且在催化剂表面产生的氢气和氧气会发生逆反应，重新生成水，不利于水的分解。

光催化分解水制氢的效率往往会受到催化剂及催化剂助剂的影响，其次，牺牲剂、光辐射强度等因素也会影响光催化分解水的效率。

光催化有机物重整制氢技术与光催化分解水制氢技术原理类似，即会在半导体表面形成光生载流子，与水发生氧化还原反应生成氢气与氧气。不同之处在于光催化有机物重整制氢技术将有机物作为牺牲剂，牺牲剂会消耗大量的光生空穴，从而阻止光生电子与空穴的复合，提高制氢效率。

（3）太阳光电电解水制氢。光电电解水制氢的太阳池是由光阳极和阴极构成，光阳极通常为光半导体材料。在太阳光的照射下，光阳极半导体受光激发产生电子-空穴对，光阳极与阴极组成光电化学池，这点与光催化分解水制氢类似，不同的是，光电催化制氢减少了电子-空穴对的复合，提高了电子-空穴对的分离效率。且光电催化制氢需要在外部偏压的作用下才可发生，光阳极产生的光生电子通过外电路流向阴极，水中的氢离子从阴极接受电子从而产生氢气。

光电电解水制氢的关键因素是半导体光阳极的性能。目前，光阳极材料研究得最多的是 $TiO_2$，其稳定性好、耐光腐蚀。但其禁带宽度较大，只能吸收波长小于 387 nm 的光子，因此，科学家们通过掺杂与表面修饰的手段来解决此问题。上述提到，与光催化分解水制氢不同的是，光电电解水制氢需要在一定的外部偏压下进行。这是因为 $TiO_2$ 的禁带宽度为 3 eV，当 $TiO_2$ 作为光阳极时可以产生 0.7～0.9 V 的电压，然而分解水制氢需要的电压为 1.23 V，因此需要对其施加一定的偏压。

太阳光电电解水制氢有一步法和两步法。一步法是在太阳能电池的两个电极板上制备催化电极,而不将电能引出太阳能电池,通过太阳能电池产生的电压直接将水分解为氢气和氧气。虽然该方法免去了外电路,降低了能量的损耗,但光电极的光化学腐蚀问题较为突出。两步法光伏电解水制氢是将太阳能的光电转换与电化学转换在两个独立的过程中进行,以满足电解水所需要的电压条件。两步法制氢可以采用转化效率较高的太阳能电池和较好的电化学电极材料进行组合以提高光电化学系统中的氢气转换效率。与一步法相比,两步法可以有效避免使用半导体电极带来的光化学腐蚀问题,但将电流引出电池会损耗电能。

现阶段,各科研机构对光催化制氢技术都进行了相关研究,如美国斯坦福大学、中国科学院等。2021年8月,中国科学院院士李灿团队受自然界光合作用机制启发,通过将无机氧化物基光阳极、有机聚合物基光阴极与多个电荷传输媒介相耦合,构建了高效的无偏压全分解水光电化学池,实现高效光电催化全分解水。该过程的分解制氢效率可达到4.3%,是截至该文章发表时文献报道的最高效率。

2022年3月,日本东京大学的研究团队致力于活用吸收太阳光造成物质出现化学反应的"光触媒"作用,在100 $m^2$的实验范围中,成功分离出高纯度氢,是全球首例太阳能大规模制氢。虽然光催化分解水的能量转换效率不高,但整个系统的设计较简单,工业化前景较好,未来需要对反应器及制氢工艺持续优化,以提高其实际应用的竞争力。

### 3.3.3　生物制氢

生物制氢是指生物质通过气化和微生物催化脱氢的方法制氢。生物质泛指通过光合作用而产生的各种有机体,包括所有的动植物和微生物。生物质能是仅次于煤炭、石油、天然气的第四大能源,在整个能源系统中占有重要的地位。

生物质制氢技术是一种高效无污染、绿色可持续的生物工程技术,其原料丰富,生产费用低,是未来规模化制氢的重要途径。目前,该技术的技术成熟度不高、制氢效率低,依然处于实验室研发阶段,尚未实现大规模的商业化应用。生物质制氢技术主要有微生物法和热化学转化法。

微生物法是利用可以产氢的微生物将自然界有机物中的能量转化为氢能。根据微生物产氢机理的不同,又将微生物法分为光发酵法制氢、暗发酵法制氢及光合生物制氢。光发酵法制氢是指光合细菌在光照充足、厌氧的条件下会分解有机物产生氢气;暗发酵法制氢则是指在黑暗的条件下,厌氧发酵细菌分解有机物产生氢气;光合生物制氢是指绿藻和蓝藻等会在光照、厌氧的条件下分解水产生氢气。与另外两种方法相比,光合生物制氢虽然可以产生氢气,但同时也会产生二氧化碳,且该方法并不能直接利用淀粉、纤维素等复杂的有机物。采用暗发酵技术与光发酵技术耦合的联合制氢方式可更加有效地提高产氢效率。不同微生物法制氢的比较如表3.9所示。

**表3.9　不同微生物法制氢的比较**

| 微生物制氢方法 | 产氢效率 | 转化底物类型 | 转化底物效率 | 环境友好程度 |
|---|---|---|---|---|
| 光发酵法制氢 | 较快 | 小分子有机酸、醇类物质 | 较高 | 可利用各种有机废水制氢,制氢过程需要一定的光照 |
| 暗发酵法制氢 | 快 | 葡萄糖、淀粉、纤维素酶 | 高 | 可利用各种工农业废弃物制氢,发酵废液在排放前需处理 |
| 光发酵法与暗发酵法耦合制氢 | 最快 | 葡萄糖、淀粉、纤维素酶 | 最高 | 可利用各种工农业废弃物制氢,在光发酵过程中需要氧气 |

热化学转化法主要有生物质气化法制氢、生物质热解法制氢、生物质超临界水制氢。生物质气化法制氢和生物质热解法制氢技术较为成熟,已进行了一定的产业化推广。

以氧气等作为气化剂,在高温条件下利用热化学反应将生物质转化为氢气等可燃气即为生物质气化法制氢。生物质气化法制氢的过程是在生物质气化炉中发生,产生的气体的主要有效成分有氢气、二氧化碳、甲烷、氧气等,分离提纯后可得到氢气。目前生物质气化法制氢的工艺技术较为成熟，但其原料收集的难度大，在经济成本上不占优势。

生物质热解法制氢是在隔绝空气和氧气的条件下，对生物质进行间接加热，温度控制在500～600℃，使得生物质转化为氢气、焦油等。在使用催化剂的前提下，热解气中的氢气体积分数可达30%～50%。目前，该技术正处于工业试验阶段。

生物质超临界水制氢是指生物质在超临界水①中经过热解、水解、缩合、脱氢等一系列复杂的热化学转化后产生氢气、二氧化碳等气体。由于在反应工程中用到超临界水，因此在气化过程前不需要额外再对原料进行干燥预处理，能耗相对较低。尽管国内外的科研人员对不同种类生物质超临界水气化过程的转化规律及反应机理进行了研究，但由于生物质组成结构及反应体系复杂，总体上该技术仍处于试验研究阶段。

总体来说，热化学转化法中的气化法制氢和热解法制氢技术较为成熟，已进行一定的产业化推广。气化法制氢的气化规模小，目前主要用于供热、发电等，用于规模化制氢的配套系统较为复杂，成本高，因此还没有利用气化法制氢的工业化装置建设。而生物质超临界水制氢仍处于实验室研究阶段。

### 3.3.4 电解海水制氢

地球有四分之三的面积被水覆盖，其中97%以上是海水，淡水占比不足3%，因此通过电解海水制氢可有效降低生产绿氢对淡水的需求量。

电解海水制氢与电解淡水制氢的工作原理相同，但由于海水中含有较多的氯离子、钠离子、钾离子以及硫酸根离子等，成分复杂，相比淡水而言具有较强的腐蚀性；而且在电解海水的过程中，氯离子易发生氧化反应，生成次氯酸根等腐蚀性强的物质，会加速电解水器件的

---

① 超临界水是指当气压和温度达到一定值时，因高温而膨胀的水的密度和因高压而被压缩的水蒸气的密度正好相同时的水。此时，水的液体和气体便没有区别，完全交融在一起，成为一种新的、呈现高压高温状态的流体。

腐蚀;加之电解过程中生成的副产物会吸附在催化剂的表面,降低催化剂活性与使用寿命。因此,复杂的海水成分成为直接电解海水制氢的瓶颈。现阶段,海水制氢多采用先将海水进行淡化处理再进行电解制氢的路线。表3.10列出了部分国内外电解海水制氢的项目。

**表3.10 国内外电解海水制氢的项目(部分)**

| 项目 | 制氢方式 | 开始年份 | 目标 |
| --- | --- | --- | --- |
| 英国Dolphyn项目 | 风电平台+电解装置 | 2016年 | 2026年实现单机制氢 |
| 挪威Deep Purple项目 | 风电平台+电解装置 | 2016年 | 2025年完成海上试验,2031年实现大规模运行 |
| 法国Lhyfe公司方案 | 新建海上平台+电解装置 | 2017年 | 2025年实现海上风电制氢 |
| 德国AuqaVentus项目 | 新建海上平台+电解装置 | 2020年 | 2030年实现10 GW海上风电制氢 |
| 青岛深远海200万kW海上风电融合示范风场项目 | 新建海上平台+电解装置 | 2020年 | 2025年实现海上风电200万kW规模 |

总体来看,新建的海上风电场多采用“风电平台+电解装置”的制氢方式,在风机平台上设置水电解制氢设备从而实现大规模的分布式制氢;离岸较远时多采用“新建海上平台+电解装置”的制氢方式,可减少电力传输的损耗。虽有研究表明,经过淡化处理后的海水制氢能耗成本并不高,但在离岸的情况下,设备投资成本大、安装难度系数大极大限制了海上制氢工程的实施。此外,为满足规模化、工业化的需要,在电解海水制氢时,电解装置的阴极不仅要有优异的催化析氢性能,还要具有高度的稳定性。因此,探索开发具有高活性、高选择性、高稳定性的新型非贵金属催化析氢电极具有重要的理论意义和实用价值。

2021年12月,天津大学朱胜利教授团队与南开大学程方益教授团队合作提出了一种具有高活性、低成本的催化剂——碳掺杂纳米孔磷化钴(C-$Co_2P$),该催化剂即使在工业级的电流密度下依然具有良好的催化稳定性。已有研究证实磷化钴中的磷原子具有较高的电负性,可以促进水的裂解。朱胜利、程方益教授团队通过合金熔炼法将碳原子直接掺杂到钴磷前驱体合金中,生成碳掺杂的磷化钴与金属钴的两相前驱体合金,随后再进行脱合金反应,将多余的钴去除,从而获得比表面积大、掺杂量可调的碳掺杂纳米孔磷化钴催化剂。在模拟海水的条件下,碳掺杂纳米孔磷化钴能够在较小的析氢过电位时获得较大的电流从而产生氢气,这比已商用的铂基贵金属(Pt/C)催化剂具有更高的催化活性。

2022年3月,大连理工大学的王治宇教授团队发展了一种海水电解制氢耦合硫污染物降解的新技术,在低能耗电解海水制氢领域取得了进展。该技术在电解海水制氢中引入硫离子,在将阳极电压降低到1 V以下的同时,还能避免阳极析氯的腐蚀反应;此外,在电解质溶液中硫离子污染物可以转化为高附加值的单质硫,提高了环境效益,为发展低能耗、生态可持续的高经济性制氢技术提供了新思路。

### 3.3.5　核能制氢

将核反应堆技术与制氢工艺相结合进行制氢的方式为核能制氢技术。该技术是利用核反应堆产生的热量与热化学反应耦合制氢。目前核能制氢主要有以下几种途径:

(1)冷水电解制氢。英国的希舍姆核电站氢能项目已对该工艺开展了相关研究,利用核能为冷水电解制氢提供电力。目前,该技术已经得到小规模验证。

(2)蒸汽电解制氢。与冷水电解制氢相比,蒸汽电解制氢技术的温度在600～1000 ℃,其能耗要比前者少三分之一。目前,低温热也可提高电解效率,且已在英国的压水堆得到证实,其效率也高于冷水电解制氢。

(3)热化学水解制氢。以核反应堆提供的高温作为热源,水在800～1000 ℃下会被催化热分解,从而制取氢气和氧气。目前,美国开发的硫碘循环工艺是国际上公认的最具应用前景的催化热分解方式：硫循环从水中分离出氧气，碘循环从水中分离出氢气。

## 3.4 小结

从国内外制氢相关的技术专利分布来看，目前国内外仍以化石燃料重整制氢为主，但国外在电解水制氢技术方向上的占比要高于国内，如图3.6、图3.7所示。

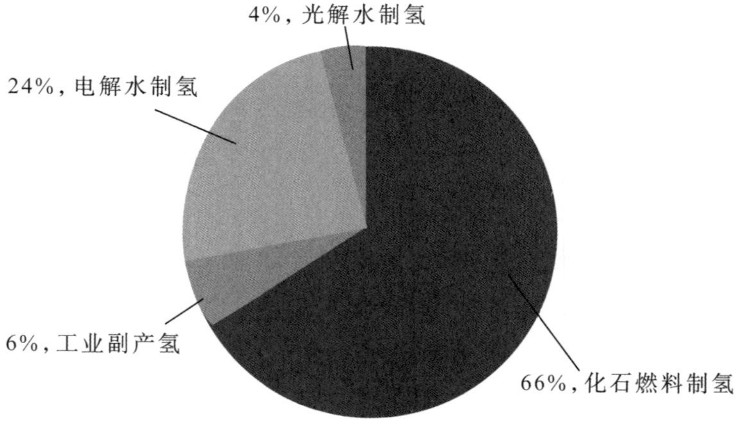


图3.6 国外制氢专利技术方向分布

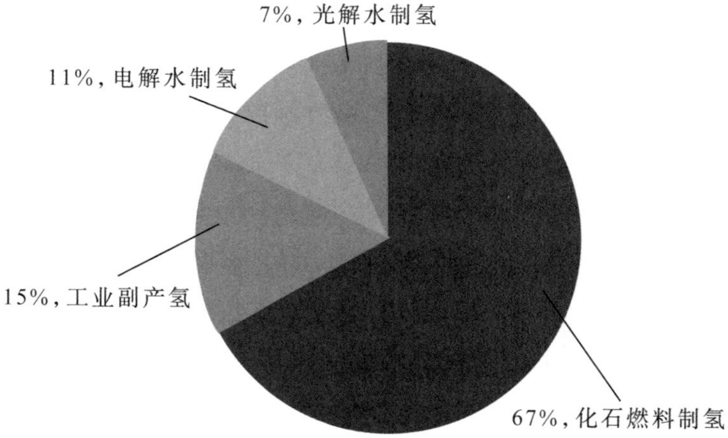


图3.7 国内制氢专利技术方向分布

从氢气的生产成本来看，工业氢气的价格与生产氢气所需主要原材料的价格水平、生产规模、生产过程消耗以及项目投资等均有直接关系。按照我国典型的制氢技术水平，在保证基准收益的前提下，加上2～3元/kg的氢气纯化除杂费用，计算得到我国工业高纯氢的价格，如表3.11所示。工业氢气的价格相对较低，可以满足工业生产大宗基础产品的成本控制要求。工业副产制氢的成本最低，其次是煤制氢、天然气制氢。电解水制氢成本与电价息息相关，波动较大，按照目前正常的电价计算，其成本远高于化石燃料制氢。

表3.11 我国工业高纯氢的价格表

| 制氢类型 | 原料价格 | 氢气价格 |
|---|---|---|
| 煤制氢 | 原煤300～800元/t | 10～15元/kg |
| 天然气制氢 | 天然气1～3元/$m^3$ | 15～20元/kg |
| 副产焦炉气 | — | ≤12元/kg |
| 烧碱副产气 | — | ≤18元/kg |
| 电解水制氢 | 电价0.1～0.69元/(kW·h) | 14～46元/kg |

虽然我国化工产业的制氢关键技术已拥有先进、成熟、可靠的自主技术，在整体装备方面也基本实现国产化，并已大量用于煤化工、焦化和炼油等领域。然而，以化石燃料重整制氢以及工业副产氢为代表的传统制氢技术会导致大量碳排放。目前，在氢能发展初期，应优先利用焦化、氯碱等工业副产氢（蓝氢）作为氢源，这是因为副产氢具有低成本、供给能力强等优势，更适合在氢能发展初期培育市场，成为在完成绿氢替代前的重要过渡手段。同时，通过工业副产氢技术、CCUS技术、高效氢储运技术，对现有的部分高能耗化工和钢铁企业进行改造，可助力传统行业转型升级，实现一定规模的节能减排。

此外，发展电解水制氢、光解水制氢等新型制氢技术迫在眉睫。就目前而言，我国在规模化可再生能源电解水制氢领域距离国外先进水平仍存在明显差距，我国主要采用传统的碱性槽电解水制氢技术，单台最大产气量可达1000 $m^3/h$，但能耗仍然居高不下，调控灵活性较差，难以适应可再生电力的强波动特性，亟须着力发展新型碱性槽电解水技术，提升其效率及调控灵活性。而在先进的高压质子交换膜电解水技术方面，国内相应的电解槽材料、装备与示范运行等方面均与国外有明显差距，规模、寿命和稳定性仍亟待大幅提升。

因此，为实现碳减排和化石能源替代的目标，需要在氢能发展初期推广蓝氢，使其成为主要氢源，加快煤制氢耦合碳捕集、利用与封存的示范论证及技术研发，集中攻关质子交换膜和固体氧化物电解池电解水技术；加快可再生能源制氢和绿氢消纳应用示范，降低可再生能源电解水制氢成本，从制氢的源头上实现零碳或者低碳排放，避免氢能成为一种“贵族能源”。

# 第4章　氢气储运技术发展现状

随着氢能的快速发展,氢气储运技术成为制约其发展的关键一环。氢气储运技术的管理主要包括两方面:存储系统与运输方式。氢能的存储系统要求在保证安全的前提下,控制氢气存储的成本,并扩大氢气储存量,使氢气存取更便捷、高效。氢能储运产业得到全球性的关注与认可,各国在氢能储运方面也加大了研发力度,氢能承压设备的安全保障问题也成为全球性的课题。据相关资料统计,2019年5月,韩国江原道的储氢压力容器发生爆炸事故,造成人员伤亡。2019年6月,挪威某加氢站氢气泄漏导致氢气爆炸。2019年6月,美国加利福尼亚州圣塔克拉拉发生氢气长管拖车泄漏爆炸事故。近年来,我国也发生了储氢容器爆炸以及氢安全附件泄漏失效等多起安全事故。例如,2021年辽宁沈阳一企业内发生氢气长管拖车软管破裂爆燃事故。目前,氢能的存储方式主要有三种:高压气态储氢、低温液态储氢、有机液态储氢、储氢材料(如多孔材料及金属合金)储氢。在氢气的运输方面,分别对应气态运输、液态运输、固态运输。

## 4.1　气态储运氢

### 4.1.1　高压气态储氢

目前,气态储氢是最普通、直接的氢气存储方式,该储存方式不需要对氢气进行降温处理,常温下就可进行氢气压缩,该技术发展较为成熟,且成本较低,是氢气生产企业较为热衷的氢气存储方式。

高压气态储氢技术是在高压强的条件下,压缩氢气,提高氢气的密度以便于储存。高压气态储氢技术具有能耗低、易脱氢等优势,也是目前储氢技术中发展最成熟的一种。高压气态储氢装备主要包括两种:固定式储氢压力容器和高压储氢气瓶。固定式储氢压力容器和高压储氢气瓶是氢储运环节的核心设备,无论是制氢站还是加氢站,这两种设备都有很大的用途。

为保障高压气态储氢装备的安全性,我国先后制定了相关标准规范。2011 年,实施《固定式高压储氢用钢带错绕式容器》(GB/T 26466—2011);2018 年 7 月,开始实施《车用压缩氢气铝内胆碳纤维全缠绕气瓶》(GB/T 35544—2017);2019 年,又对固定式储氢压力容器的检验与评定制定了相关标准——《固定式高压储氢用钢带错绕式容器定期检验与评定》(T/ZJASE 001—2019);2020 年,氢能基础设施建设加快脚步,发布了《加氢站储氢压力容器专项技术要求》(T/CATSI 05003—2020)。

高压氢气瓶分为钢制高压气瓶、复合材料高压气瓶,前者又分为纯金属气瓶(Ⅰ型)、金属内胆纤维环向缠绕气瓶(Ⅱ型),后者主要分为金属内胆纤维全缠绕气瓶、非金属类的纤维全缠绕气瓶。目前,20 MPa 钢制瓶(Ⅰ型)已实现工业化应用,一般用于氢燃料电池汽车;20 MPa 钢制瓶(Ⅰ型)与 45 MPa 钢制瓶(Ⅱ型)组合 98 MPa 钢带缠绕式压力容器应用于加氢站。

与复合材料高压气瓶相比,钢制瓶储氢密度低,存在较严重的氢脆[①]问题,若应用于燃料电池汽车,将会存在较大的安全隐患。Ⅲ型和Ⅳ型储氢瓶主要有 35 MPa 和 70 MPa 两种,由于其制作内胆和保护层的材料密度低、安全系数较高,在提高氢气储存密度方面存在优势,故这两种类型的储氢瓶主要用于氢燃料电池汽车、轨道交通等领域。

① 氢脆是指溶于钢中的氢聚合为氢分子,造成应力集中,超过钢的强度极限,在钢内部形成细小的裂纹。氢脆现象又称白点。

我国在燃料电池商用车方面主要采用35 MPa碳纤维缠绕Ⅲ型瓶，少数燃料电池乘用车采用70 MPa碳纤维缠绕Ⅲ型瓶，而70 MPa碳纤维缠绕Ⅳ型瓶已成为国外车载储氢设备的主流技术。

Ⅲ型储氢瓶的主要材质有钢类和铝类，其中铝内胆纤维缠绕瓶（Ⅲ型）的技术发展较为成熟。Ⅳ型储氢瓶其内胆通常为阻隔性能良好的工程热塑料，外部采用的是碳纤维、玻璃纤维全缠绕工艺，如塑料内胆纤维缠绕瓶。

国内全复合轻质纤维缠绕储罐Ⅳ型瓶现在暂时还处于研发阶段，没有相关应用，也缺乏相关标准。而在国际市场中，Ⅳ型储氢瓶的技术已发展成熟，如美国昆腾公司、日本丰田公司。2020年，日本八千代工业株式会社研发出82 MPa的Ⅳ型储氢瓶，其储氢容量也有很大提高，达到280 L，这是目前高压储氢瓶领域压力最高的中容积Ⅳ型瓶。

表4.1主要从材料、优势、劣势、应用及使用寿命方面对Ⅰ型、Ⅱ型、Ⅲ型、Ⅳ型高压储氢瓶进行了对比。

**表4.1　Ⅰ型、Ⅱ型、Ⅲ型、Ⅳ型高压储氢瓶对比**

| 类型 | 材料 | 优势 | 劣势 | 应用 | 使用寿命 |
|---|---|---|---|---|---|
| Ⅰ型 | 全钢质 | 成本低 | 氢密度低、安全性差、质量大 | CNG储运、加氢站等固定式储氢 | 15年 |
| Ⅱ型 | 金属内胆（钢质），碳纤维、玻璃纤维环向缠绕 | 成本较低 | 氢密度低、安全性差、质量大 | CNG车用气瓶、加氢站等固定式储氢 | 15年 |
| Ⅲ型 | 金属内胆（铝/钢质），碳纤维、玻璃纤维全缠绕 | 氢密度高、安全性高、质量小 | 成本较高 | CNG车用气瓶、氢燃料电池供氢系统 | 15～20年 |

续表

| 类型 | 材料 | 优势 | 劣势 | 应用 | 使用寿命 |
| --- | --- | --- | --- | --- | --- |
| Ⅳ型 | 非金属内胆(塑料),碳纤维、玻璃纤维全缠绕 | 氢密度高、安全性高、质量小 | 成本高 | 国外应用在氢燃料电池汽车,国内处于研发阶段 | 15~20年 |

### 4.1.2 高压气态运氢

现阶段,主要是通过高压气态的方式进行氢气的存储与运输。气态运氢主要有两种方式:长管拖车和管道运输。

在长管拖车方面,国内主要以压力为20 MPa的长管拖车为主,单车运输氢气的质量大约为300 kg,目前正在积极发展压力为35 MPa的运氢技术;而国外现在多采用45 MPa的长管拖车,其单车运输氢气的质量可达700 kg。高压气态运输氢气是目前发展得比较成熟的储运氢技术,在运输设备方面,我国的设计制造技术也已经达到国际先进水平,例如中集安瑞科控股有限公司、鲁西化工股份有限公司等企业都具备长管拖车生产或者组装资质。

在输氢管道方面,国内西北地区的可再生能源丰富,未来有望成为氢能的主产地。而人口聚集的能源消费地主要分布在东南沿海地区,因此管道运输在跨区域输运氢气方面有着较大的经济优势。但就目前而言,国外的管道输送氢气体系更为成熟,美国已经建成超过2700 km的氢气输运管道,欧洲也已经建成超过1700 km的氢气输运管道。而我国氢气管道的里程仅有400 km,其中具有代表性的两条输氢管道:济源—洛阳,全长25 km;巴陵—长岭,全长42 km。目前我国的氢气输运管道铺设范围小,天然气掺氢等输送技术缺少系统性的分析和基础研究。现阶段,欧洲、美国等发达国家和地区也在积极探索依托现有天然气管道运输氢气的方式,欧盟Naturalhy、荷兰VG2、德国DVGW、英国Hydeploy和美国能源部氢能管道研究发展工程等项目从材料相容性、泄漏与聚集、燃烧与爆炸、完整性管理和风险评估五个方面对现有天然气管道掺氢输送安全性问题进行了研究。

我国整体产氢规模较小,且需要单独建造氢气的输运管网,在现有的产能下,建设氢气输运管网的成本过高。现可以采用掺氢天然气的方式,利用现有的天然气管道进行部分氢气输运,探索管道输运氢气难点及"卡脖子"技术的解决方案。未来,氢能大规模化发展,管道输运氢气不仅安全可靠,而且自动化程度高,稳定性也较高,长距离、跨区域的氢能输运不仅能耗较低,而且具有较高的经济效益。

## 4.2 液态储运氢

液氢是将氢气经过压缩并深冷到21 K以下后,存储到特制的绝热真空容器中的液态氢气,常温、常压下液氢的密度约为气态氢气的845倍,能大大提高氢气的输运效率。

### 4.2.1 低温液态储氢

与高压气态储氢相比,低温液态储氢无论是在储氢质量、储氢体积还是储氢能量密度方面均有大幅度地提高。但低温液态储氢目前还面临两大技术难点:①耐超低温的容器。如果储氢容器的装料、绝热性较差,就会加快液氢的蒸发。②氢液化能耗较高。在实际的氢液化过程中,其耗费的能量占总能量的30%。

随着液氢技术的成熟,一大批国际液氢企业正努力解决以上两个技术难点,如空气产品(Air Products)公司、林德(Linde)公司等,并在美国、欧洲、亚洲等建成多座液氢工厂。全球液氢的产能近500 t/d;美国有十余座液氢工厂,其产能达到326 t/d;加拿大的液氢总产能为80 t/d,有部分液氢主要供应美国。全球液氢产能的主要分布情况见表4.2。

**表 4.2　全球液氢产能的主要分布情况**

| 国家或地区 | 液氢产量/(t/d) |
| --- | --- |
| 美国 | >326 |
| 加拿大 | 80 |
| 亚洲 | >39.7 |
| 欧洲 | 24 |

低温液态储氢技术是在高压强、低温(−253 ℃)的条件下,将氢气压缩致其液化,液化后的氢气储存在低温绝热的容器中,且其体积密度是气态氢气的845倍,达70.78 kg/m$^3$。与气态储氢相比,低温液态储氢技术具有能量密度大、加注时间短等特点,可以更高效率地储存氢气。

为保证低温液态储氢技术的稳定性、安全性,氢气的液化设备及系统装置以及严格的绝热方案、储氢容器、冷却设备起到了关键作用。

(1)储氢容器。液氢的储存技术实际上是一种深冷的氢气储存技术。氢气经过压缩,在温度21 K以下时会成为液态,之后再把液氢储存到绝热的真空容器中。根据绝热方式的不同,可将液氢储罐分为普通堆积绝热液氢储罐和真空绝热液氢储罐两大类。

普通堆积绝热液氢储罐是在储罐表面包覆上一定厚度的绝热材料以降低漏热量;同时,在储罐表面制造夹层空间,并对该空间进行抽真空处理,以达到绝热的目的。普通堆积绝热液氢储罐的绝热性能较差,但成本较低。

真空绝热液氢储罐是通过夹层空间内的高真空度来实现绝热的,且高真空度可以消除气体的对流传热和绝大部分气体的传导热。根据夹层内选取的材料不同,又将其分为单纯真空绝热、真空多孔材料绝热、高真空多层绝热。真空绝热液氢储罐的结构构造比较简单,但由于其对高真空要求较高,因此成本也较高,主要适用于小型的液氢储存。

储氢容器现多以圆柱形或球形为主,以降低比表面积,减少蒸发损失。原因在于若储氢容器与外界存在巨大的温差,内外温差会导致液氢的蒸发损失,因此,高真空、强绝热的储氢容器的开发是液氢大规模化应用的重点与难点。

目前,世界上最大的低温液化储氢罐位于美国肯尼迪航天中心,容积高达12000 L。美国土星5号运载火箭装有1275 $m^3$的液氢,地面储罐容积为3500 $m^3$,工作压力为0.72 MPa,液氢日蒸发率为0.756%,容器的加注管路直径为100 mm,可同时接受5辆公路加注车加注。俄罗斯JSC深冷机械制造股份公司生产的1400 $m^3$液氢储罐,外形为球状,采用的是真空多层绝热方式,日蒸发率小于0.26%。日本种子岛航天中心的液氢储罐采用珍珠岩真空绝热的方式,其蒸发率低于0.18%。此外,发达国家也有液氢在民用方面的相应研究及应用。

我国的液氢主要应用在航天领域,但一些关键设备及系统还需从国外进口,受制于人。由于我国液氢相关标准、法规的缺失,液氢在民用领域的应用几乎空白。但我国拥有全球最大的液氢民用市场,2020年,超过10个液氢项目和政策落地,液氢逐渐进入公众视野并快速发展。同年11月,美国的空气产品公司在浙江嘉兴海盐建造了我国第一座大型商用液氢工厂,预计投产后液氢产量可达30 t/d;林德公司也与我国签署了战略合作协议,将在我国建设首个液氢工厂。2021年,全国液氢产业进入发展快车道,9月9日,中国航天科技集团六院101所研制的我国首套自主知识产权氢液化系统调试成功,为我国氢规模化储运提供了技术和装备基础。

(2)车载液氢储存容器。液氢是一种高能液体燃料,其作为汽车燃料具有更广阔的前景。纵观液氢在国际上的发展情况,液氢技术在燃料电池汽车领域的探索和尝试从未停止:从1966年世界上第一辆燃料电池汽车GM Electro VAN诞生,到1999年奔驰NECAR4实现液氢上车的尝试,再到2000年美国通用公司在北京展示出氢燃料电池汽车——“氢动一号”轿车,该轿车的储氢罐长1 m,直径为0.14 m,质量储氢密度5.1%,体积储氢密度36.6 $kg/m^3$;若仅从储氢密度的角度考虑，此技术已经接近实用化的标准要求。2003年，通用公司又推出“氢动三号”轿车，相比“氢动一号”有所改进，该轿车的储氢罐长1 m，直径0.4 m，质量90 kg。

低温液态储氢技术已实现在车载系统中的应用，德国林德公司研制出的车载液氢储存罐，在0.3～0.5 MPa下，可使液氢在长时间内维持23 K的低温。但车载液氢储氢在汽车的运行过程中，还存在成本过高等较多的问题。液氢储罐的体积约为液氢体积的两倍，即液态储氢系统的实际体积比汽油箱体积大三倍。此外，易挥发等氢耗损问题也不容忽视。除以上问题外，氢燃料电池的安全隐患问题同样不容忽视。因此，无论从经济角度还是安全角度考虑，车载液氢储存技术离实用化尚有较远距离。

### 4.2.2　有机液态储氢

有机液态储氢技术是利用氢气与有机介质如烯烃、炔烃或芳香烃等的反应，进行氢气的储存和释放。该过程主要分为三个阶段：①储氢介质与氢气发生催化加氢反应，从而实现对氢能的储存；②运输；③进行脱氢反应，将氢气从储氢介质中分离出来，释放氢气，供给终端用户。

1975年，有机液态储氢技术首次出现，成功开辟了新型储氢技术领域。该种储氢方式具有储氢密度大、储氢材料可循环多次使用等优点，无论是在储存、运输的安全性还是设备、管路保养的成本控制方面都具有绝对优势。但该技术的操作条件较为苛刻，加氢及脱氢的装置复杂，产业化难度较大。此外，该技术涉及的脱氢反应需要在低压高温的条件下进行，反应效率低，高温的条件易使得脱氢催化剂失活。

储氢介质的性能往往决定有机液态储氢技术的效率。目前研究中常见的储氢介质有传统有机液体氢化物和不饱和芳香杂环有机物。

常见的传统有机液体氢化物有环己烷、甲基环己烷、反式-十氢化萘。三者的储氢能力都很强，常温下为液体，便于运输。但在脱氢反应中，甲基环己烷除会产生氢气外，还会产生易挥发液体甲苯，造成氢气分离困难；在储氢过程中，反式-十氢化萘会不断出现原料损耗。在脱氢过程中，三者的反应温度均较高。环己烷的脱氢温度达到270 ℃以上；甲基环己烷的脱氢反应由所在条件决定，最低温度至少为230 ℃，最高可达400 ℃；反式-十氢化萘的脱氢温度也要在240 ℃以上。因此，低温脱氢难度系数大，传统有机液体氢化物难以进行大规模的应用及发展。

咔唑和N-乙基咔唑是新型的储氢介质，作为不饱和芳香杂环有机物的代表。咔唑在常温下为片状结晶，主要存在于煤焦油中，利用精馏等方法获得，其可以实现在250 ℃下加氢，在220 ℃下脱氢。相比咔唑，N-乙基咔唑在常温下也为片状结晶，但其反应温度会更低一些，在130～150 ℃下可快速加氢，在150～170 ℃下脱氢，是更为理想的储氢介质。

常见储氢介质的具体参数如表4.3所示。

**表4.3 常见储氢介质的具体参数**

| 类型 | 储氢介质 | 熔点/℃ | 沸点/℃ | 理论储氢质量分数/% |
|---|---|---|---|---|
| 传统有机液体氢化物 | 环己烷 | 6.5 | 80.7 | 7.19 |
| | 甲基环己烷 | −126.3 | 101 | 6.18 |
| | 反式-十氢化萘 | −30.4 | 187.3 | 7.29 |
| 不饱和芳香杂环有机物 | 咔唑 | 244.8 | 355 | 6.7 |
| | N-乙基咔唑 | 68 | 190(1.33 kPa) | 5.8 |

目前，有机液态储氢技术正处于由实验室探索研究向工业化生产的过渡阶段，受到国内外的广泛关注。武汉氢阳能源有限公司是国内一家从事有机液体储氢的企业，该公司已攻克在常温常压下对液态氢气进行储存和运输的难题，其有机液态储氢技术在国内处于领先地位。与日本的千代田化工建设株式会社、德国有机液体储氢技术公司

(Hydrogenious Technologies)相比,武汉氢阳的储氢技术具有脱氢温度低、载体无消耗等优势。具体储氢技术对比如表4.4所示。

**表4.4　武汉氢阳与日本、德国公司储氢技术对比**

| 项目 | 日本千代田化工建设株式会社 | 德国Hydrogenious Technologies | 武汉氢阳 |
| --- | --- | --- | --- |
| 吸氢载体 | 苯、甲苯 | 二苄基甲苯 | N-乙基咔唑 |
| 温度 | 400 ℃以上 | 脱氢温度在320～350 ℃ | 200 ℃ |
| 催化剂 | 大量贵金属 | 铂类催化剂 | 特定催化剂 |
| 技术特点 | 加氢容易、脱氢相对困难 | 脱氢速度较慢、铂催化剂成本高 | 脱氢温度较低,速度快,载体可重复使用 |

总体来看,液态有机储氢技术现还处于由实验室探索研究转向工业化生产的过渡阶段。液态有机储氢技术的技术迭代速度能否加快、成本能否低于低温液态储氢技术,决定着其未来能否成为氢气储运的主流方式。

### 4.2.3　液态运氢

液态运氢一般是将液氢装在低温绝热槽罐内,通过车辆、船舶等交通工具进行运输,这是目前既能满足较大输氢量又能经济快速运输氢气的方法。

液态运氢主要有五种关键设备,分别是液氢罐车、铁路液氢罐车、液氢槽车、液氢运输船及液氢管道运输。当前,车辆运输氢气是大多数的选择。液氢罐车的氢气储运量可达100 $m^3$,现今液氢罐车已经成为日本和美国为加氢站输运氢气的重要方式之一。铁路液氢罐车相比普通的液氢罐车储氢量有所提升,达到120～200 $m^3$。相关文献显示,俄罗斯的液氢储罐容量在25～1437 $m^3$,不同容量的储罐其质量也有差别,例如1437 $m^3$容量的储罐质量达到360 t,是容量为25 $m^3$的储罐的18倍多。

国外的液态运氢技术发展得较为成熟,大多采用的是液氢槽车运输,其单趟运氢量在数吨以内。与高压气态运输相比,液氢槽车单趟运输氢气的能力更强,经济性也更高。而液氢运输船的单趟运量可达到百吨以上,可实现全球氢气的转运。也可通过管道进行液氢的运输,但需要管道具有很高的绝热性,且管道结构较为复杂,目前液氢管道仅仅适合短距离输送氢气。

液态运输氢气可以减少车辆运输氢气的频次,提高经济效益,在一定程度上增加了加氢站的氢气供应能力。在加拿大与欧洲合作撰写的《氢能开发计划》中,提到了从加拿大到欧洲输运液氢的计划,该报告还讨论了总容积达 $1.5\times10^4\ m^3$ 的液氢储罐。德国也已开展了总容积为 $1.2\times10^5\ m^3$ 的大型液氢运输船的研发工作。日本跨国公司川崎重工业株式会社与其在澳大利亚的子公司联合开展了褐煤制氢-液氢船舶运输示范项目,这是第一个液氢驳船运输项目,主要用来论证大规模运输氢气的可行性。

## 4.3　固态储运氢

高压气态储氢技术和低温液态储氢技术在氢气的储存过程中均面临着高压、低温的问题,固态储氢技术可以很好地解决这个问题。与气态、液态储氢相比,固态储氢的体积更小,进行远距离、大规模储运氢时安全性也更高。该技术是在一定的温度和压力下,利用固体材料对氢气的吸附作用,可逆地吸收、储存和释放大量氢气。固态储氢的吸附方式主要有两种:化学吸附储氢、物理吸附储氢。

### 4.3.1　化学吸附储氢

所谓化学吸附储氢是载体材料和氢元素发生化学反应生成化学键,将氢分子固定在固体化合物中,达到储存氢气的目的。化学吸附储氢主要的储氢材料包括金属氢化物、配位氢化物和氢气水合物。

#### 4.3.1.1 金属氢化物储氢

当金属合金与氢元素发生可逆反应时会生成一类氢化合物，这类化合物就是金属氢化物。在实际的储氢应用中，要求金属氢化物在进行多次循环后仍能保持其反应性能及容量。

金属氢化物在储存氢气的过程中，氢气会以高密度和低压力形态存储在金属氢化物中，主要包括以下步骤：①先通过物理吸附，氢分子附着在金属或者合金表面；②氢分子会在金属或者合金的表面被分解为氢原子；③储氢材料表面的氢原子不断扩散，扩散到金属或者合金内部，形成金属固溶体，也称为α相；④在金属固溶体内部，氢原子进一步向金属内部扩散与金属原子发生化学吸附，进而生成氢化物（β相）。图4.1所示为金属吸、放氢的简化模型。

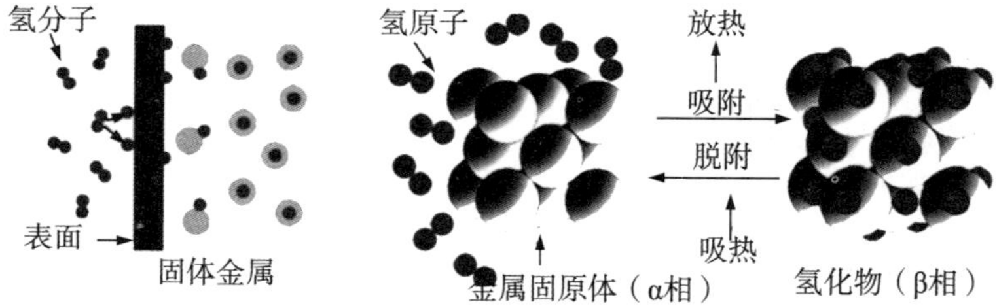


图4.1 金属吸、放氢的简化模型

金属氢化物储氢材料的储氢压力低于5 MPa，并具有比液氢更高的体积储氢密度，如氢化镁体积储氢密度可达110 g/L，是目前发展较为成熟的固态储氢材料体系。根据合金组成及结构特征，金属氢化物储氢材料通常包括$AB_5$、$AB_2$、$A_2B$等类型。

$AB_5$型储氢合金是研发最早的储氢合金体系，其中工业生产技术发展得较为成熟的是具有$CaCu_5$结构的储氢合金，在镍氢电池领域已实现大规模商用，国内厦门钨业股份有限公司、北京浩运金能科技有限公司等产能已超3000 t/a。然而，目前一些具有良好循环性能和活化性能的储氢材料由于成本过高而未得到广泛应用。如$LaNi_5$基的储氢材料，有学者提出对La或Ni的部分替代，即将价格相对便宜的金属Ce代替La会对该材料的应用产生积极影响。

$AB_2$型的储氢合金具有优秀的吸氢能力、快速的氢脱附反应等优良特性，因此，受到科学家和研究人员的广泛关注。在$AB_2$型的储氢合金中，A元素代表Ti或者Zr，B元素为过渡金属。$TiMn_2$系储氢合金是$AB_2$型合金的典型代表，其质量密度可达2.0%，较$AB_5$型储氢合金提高近30%，且具有更低的成本，国内中国有研科技集团已具备年产千吨级的生产能力，并在燃料电池大巴车、物流车等车辆上进行了示范应用，该体系材料作为发展较为成熟的储氢材料之一是现阶段推广应用的重点。

在A元素为碱土金属，B元素为过渡金属的$A_2B$型储氢合金中，$Ti_2Ni$合金由于其优良的性能脱颖而出。有研究表明，若是将Zr部分取代Ti会在一定程度上提高氢气的解吸能力，同时该合金的循环性能也会有所提高。

移动式燃料电池的发展对储氢系统提出了更高的质量储氢密度要求。为了提高金属氢化物储氢材料的质量储氢密度，近年来，国内外研究热点主要集中在钒基固溶体系[最大储氢量3.7%（质量分数）]和镁基储氢材料[最大储氢量7.6%（质量分数）]，重点解决在吸放氢循环、成本及吸放氢温度等方面存在的问题。日本东北大学、美国劳伦斯伯克利国家实验室，以及国内的浙江大学、华南理工大学、复旦大学、中国有研科技集团等单位正在推进相关场景的应用示范。

#### 4.3.1.2 配位氢化物储氢

配位氢化物由原子质量相对较小的金属元素和非金属元素组成。与金属氢化物储氢不同，其在储存氢气时氢分子主要占据金属或合金材料的晶格间位。配位氢化物实际上是一种盐，氢分子更倾向于通过共价键与复合阴离子的中心原子相连接。

配位氢化物储氢材料相比金属氢化物具有更高的理论储氢量，主要包括配位型铝氢化物、硼氢化物和金属氨基化物，被认为是最有希望满足美国能源部车载储氢材料要求的一类固态储氢材料。近年来，国内外均对该类型材料开展了大量基础研究工作。从实用角度来看，配位氢化物储氢材料仍存在放氢温度高、可逆性差、放氢副产物多、材料成本高等各类问题，现阶段距离应用仍具有较大差距。

铝氢化合物主要是由Li、Na、K等元素与铝氢化物形成的配合物，如$NaAlH_4$、$LiAlH_4$、$Mg(AlH_4)_2$等。$NaAlH_4$的质量储氢密度为7.5%，可以实现完全可逆的储放氢，但其储氢含量低，还存在熔点低于脱氢温度、脱氢动力学差、吸氢过程在高压下才能完成等问题。近年来，由两类碱金属原子和铝氢化物组成的双金属铝氢化物也是研究较多的一类固态储氢材料。如$LiNa_2AlH_6$，其脱氢温度保持在190～210 ℃，温度相对较低，储氢容量相对较高，其理论储氢体积分数达6.7%，是目前研究较多的一种储氢材料。相关研究人员也在不断尝试对$LiNa_2AlH_6$进行改性，以进一步降低其脱氢温度。

硼氢化合物以Li、Na、Mg等元素与硼氢化物结合形成，如$LiBH_4$、$Al(BH_4)_3$等。硼氢化合物的储氢量较大，但其脱氢温度高，$LiBH_4$在600 ℃下可达到9%的脱氢量，但在100 ℃下脱氢量只有0.3%。在硼氢化合物中，研究较为广泛的是$Mg(BH_4)_2$，其脱氢温度范围为230～530 ℃。

氮氢化合物由Li、Ca、Mg等金属元素与氨基或亚氨基结合形成，如$LiNH_2$、$Mg(NH_2)_2$等。氮氢化合物的储氢量高，可以较好地满足车载燃料的需求，因此早期这类固态储氢材料受到广泛关注。但由于其在储氢过程中还会产生氨气，造成氢气不纯等问题，现今研究得较少。

#### 4.3.1.3 氢气水合物储氢

由于氢键的存在，固态水分子更倾向于形成三维框架结构。水分子在自然或者人为条件下，会与其他气体小分子缔合产生不同的结构，气体分子在范德华力的作用下，与水形成一种笼形结构，从而形成稳定的气体水合物，使水本身也成为潜在的固态储氢材料。这种在一定的温度和压力下，气体会和水作用生成的一种笼形晶体化合物，称为气体水合物。

氢气水合物是气体水合物的一种。在氢气水合物中，水分子为主体分子，氢分子为客体分子。主体分子利用氢键形成三维笼形结构并且形成不同大小、类型的空穴，客体分子则填充于主体分子的笼空穴内部。

2020年12月，中国科学院合肥物质科学研究院固体物理研究所的研究人员与俄罗斯、美国的科学家研究发现了一种可在室温、相对低压的条件下形成的新型氢笼形水合物。该种水合物的晶体结构主要取决于压力的大小，在低压条件下，水合物的晶体结构存在很大的空腔，随着压力的不断增加，晶体结构会变得更加紧密，使更多的氢分子被填充到该水合物的晶体结构中。

氢气水合物由于固体载体本身是水，氢气以分子状态存在，因此在整个氢气的储存过程中，副产物都是水，不会对环境造成不良影响，且在释放氢气时不会发生化学反应。此外，水资源相较其他资源而言，更容易获取，成本低，具有一定的经济优势。同时，氢气水合物在形成及分解的过程中，其动力学速度非常快，在常温下，就可实现氢气的吸收和释放。

## 4.3.2　物理吸附储氢

物理吸附储氢是氢分子在范德华力的作用下，附着在固体材料表面，在该过程中并不生成新的化学键。与化学吸附储氢相比，物理吸附储氢的结合力更弱。目前主要以碳质材料、金属有机框架化合物材料以及沸石等比表面积较大的多孔材料为物理吸附储氢材料的典型代表，该类材料储氢量随着材料比表面积的增大而增加，但普遍需要在较低温度（如液氮温度）下才能具备较大的储氢量，因此其应用也受到一定的制约。

### 4.3.2.1　碳质材料

碳质储氢材料可以反复利用，且对少数气体杂质不敏感，是一种具有优良性质的储氢材料。目前，这类材料大多还处于基础研究阶段，距离达到实际应用的要求还有很大的距离。碳质储氢材料的比表面积都比较大，主要有活性炭、碳纳米纤维、石墨纳米纤维和碳纳米管等。

几种常用的碳质储氢材料的特点如表4.5所示。

表 4.5　碳质储氢材料的特点

| 类别 | 温度/K | 压力/MPa | 特点 | 储氢容量(质量分数)/% |
|---|---|---|---|---|
| 活性炭 | 77 | 3 | 比表面积较大，有经济优势，但使用条件苛刻 | <5 |
| 碳纳米纤维 | 室温 | 11 | 寿命较短，生产成本高 | <12 |
| 石墨纳米纤维 | 室温 | 11 | 具有活性碳原子 | <12 |
| 碳纳米管 | 653 | 常压 | 结构独特，工艺复杂 | <20 |

活性炭作为储氢材料，具有较大的经济优势，其不仅使用寿命长、成本低，而且储氢容量高。要使一般活性炭材料的储氢容量满足要求，就要在低温或者高压的条件下储氢，这样势必会增加储氢成本。因此，活性炭储氢材料得到规模化应用的关键是解决活性炭的储氢温度问题。

碳纳米纤维是一种介于碳纳米管和普通碳纤维之间的一种高性能碳材料，其比表面积大，具有分子级的细孔，因此可以吸附大量的氢气，具有较高的储氢容量。有学者利用催化浮动法制备出碳纳米纤维，其在室温下的储氢量可达到12%(质量分数)。碳纳米纤维由于循环寿命较短，生产成本高，且其制备工艺仍处于实验室研究阶段，并未实现产业化与规模化。

石墨纳米纤维是一种由含碳化合物经金属催化剂分解后层层沉淀堆积在一起的石墨材料。石墨纳米纤维结构独特，石墨的层间距大于0.335 nm，氢气的动力学直径为0.289 nm，被认为是储存氢气的理想结构。

碳纳米管质量相对较轻，具有良好的热稳定性，其独特的空心管结构，可以吸附大量的气体，被科学家们认为是一种潜在的价值较高的储氢材料。碳纳米管根据其管壁数量的多少可分为单壁碳纳米管和多壁碳纳米管。单壁碳纳米管是由单层的石墨片卷曲而成，与活性炭相比，具有更大的比表面积，微孔的数量也更多，因此单壁碳纳米管的储氢量有可能超过各种传统的储氢材料。与单壁碳纳米管不同的是，多壁碳纳米管中的石墨片数量在2～50层。由于制备方法、测试方法的差异，多壁碳纳米管的储氢数据相对离散。

1991年，日本学者在进行电弧放电实验时，在实验产物中偶然发现了碳纳米管。1997年，美国学者等发现单壁碳纳米管可以储存5%～10%的氢气，且他们预测该材料是唯一可以在氢燃料电池汽车上使用的储氢材料。随后又有学者研究发现，碳纳米管储氢在室温条件下就可进行，这引起了科学界的广泛关注。

目前，学者们尚不能完全掌握碳纳米管在储氢过程中发生的物理化学变化，碳纳米管的密度以及尺寸也无法进行精准测量。未来，对碳纳米管的研究方向主要是探索其储氢机理，并且通过掺杂改性等方法扩展其优良性能。由于氢气本身与碳质材料的相互作用比较微弱，所以增加碳质储氢材料对氢气的吸附能力也是提高该类材料储氢性能的关键之一。

#### 4.3.2.2 金属有机框架化合物材料

(1)金属有机骨架(MOFs)。MOFs是金属有机材料中的一个亘要分支，是由无机金属中心(金属离子或金属簇)与桥连的有机配体通过自组装相互连接形成的一类具有周期性网络结构的晶态多孔材料。MOFs具有较大的比表面积、孔隙率，热稳定性、结构的柔韧性优良，在储氢领域获得了极大的关注。

目前，MOFs作为新型的储氢材料，仍存在遇水不稳定、吸附热低、规模化过程困难等问题。进一步明确MOFs的储氢性能与其储氢机理、储氢结构的关系、影响机理，关系着MOFs储氢材料在储氢领域的规模化应用。

(2)共价有机骨架化合物(COFs)储氢材料。在新型储氢材料领域，新开发了一种多孔材料——共价有机骨架化合物。该材料具有较大的比表面积，良好的热稳定性，结构的可调控性较强。美国加利福尼亚大学伯克利分校的Yaghi课题组经研究发现，COFs对氢气的储存是一个可逆的物理过程，无论其所处条件的低压还是高压，是低温还是高温。即便证明COFs的储氢性能优良，但目前对COFs的研究仍然处于计算机模拟阶段，具体的储氢机理有待研究，储氢性能也有待提高。

固态储氢技术在国际上已有较长时间的应用，德国哈德威(HDW)造船厂将固态储氢装置应用到燃料电池AIP潜艇上，美国、南非将固态储氢系统应用到燃料电池叉车、铲车等工程车上。目前，我国在固态储氢技术方面总体上与国际保持同步，在部分储氢材料与技术的研发和产业化方面具有一定优势，但示范应用较世界先进国家如法国、德国等还是落后，尚处于实验室小规模示范阶段。

### 4.3.3 固态运氢

国内外在固态运氢方面已经取得了一些进展，但目前还没有达到商业化水平。日本东芝公司开发了基于固态储氢的H2One系统及固态运氢车。我国氢枫能源技术有限公司自主研发了以镁合金材料为储氢介质的镁基固态运氢车，该车包含12个固态储氢容器，每个容器内都装填了高容量镁合金储氢材料，实现了储运氢装置的轻量化及大容积设计。由于固态氢储存通常需要较低的压力和温度条件，因此在运输过程中对设备的要求较低，简化了物流链。此外，传统的气态或液态氢储存需要高能量的压缩或冷却过程，而固态氢运输过程中的能耗较低，有助于减少整体的能源消耗。

## 4.4 小结

从氢气储存现状对比来看，我国的车载储氢容器以35 MPa碳纤维缠绕Ⅲ型瓶为主，而70 MPa碳纤维缠绕Ⅳ型瓶已成为国外车载储氢的主流容器。在液态储氢方面，欧美等发达国家在低温液态氢储运方面的技术相对成熟，我国虽然在航天领域成功应用了低温液态储氢技术，但民用低温液态储氢容器的开发与应用目前尚处于起步阶段。在固态储氢方面，固态储氢技术在国际上已有较长时间的应用，我国在固态储氢技术方面总体上与国际保持同步，在部分储氢材料与技术的研发和产业化方面具有一定优势;但示范应用较世界先进国家如法国、德国等还是落后,尚处于实验室小规模示范阶段。

从氢气输运技术对比来看,目前我国氢气长管拖车以装载20 MPa级Ⅰ型瓶为主,而国外氢气长管拖车早已普遍应用45 MPa纤维全缠绕高压氢瓶。在管道输运方面,我国输氢管道的铺设范围较小,天然气掺氢等输送技术缺少系统性分析和基础研究。而美国已建成超过2700 km的输氢管道,欧洲已建成超过1700 km的输氢管道。欧洲、美国等发达国家和地区也在积极探索依托现有天然气管道运输氢气的方式,从材料相容性、泄漏与聚集、燃烧与爆炸、完整性管理和风险评估五个方面对现有天然气管道掺氢输送安全性问题进行研究。

如果考虑运输成本的话,就储氢技术成熟度最高的气态储氢来说,其运输成本与运输距离成正比,距离越远,成本越高,且气态储运氢的储氢密度较低,并不适合长距离运输,只有在进行短距离(小于200 km)运输时,才具有一定的成本优势。而远距离的运输,液态储运与固态储运更具成本优势。目前,低温液态储氢的储运难度较大,有机液态储氢技术虽然在储氢效率上极具优势,但与固态储氢一样,两者多处于实验室研究阶段,所以液态储运氢气是目前进行氢气远距离输送的首选方式。氢气运输的最佳选择应是管道运输,但我国氢能产能较低,铺设管道的难度大,且投资成本高,实现大规模化的管道运输氢气还有很长的路要走。以现有的天然气运输管网为基础,进行天然气掺氢运输是探索氢气管道运输的有效途径。

# 第5章　中国加氢基础设施建设与运营发展现状

加氢站作为氢能源产业发展的重要基础设施，加快推进加氢基础设施建设对促进氢燃料电池汽车的推广与应用具有积极作用。2022年，全球范围内累计814座加氢站投入运营；而2021年为685座，这显示出全球氢能产业建设进一步加速。截至2023年上半年，全球累计建成加氢站1089座，其中中国累计建成加氢站351座，全球占比达到32.2%，为全球最大的加氢站保有量国家，其余建成的加氢站主要分布在日本、韩国、欧洲和北美等国家和地区。从累计建成的加氢站来看，亚洲总量遥遥领先，占比超过60%。

自2019年我国提出“推进充电、加氢等设施建设”以来，各地氢能与燃料电池汽车产业快速发展。为实现“双碳”目标，加快氢能基础设施的建设，各地方政府和企业根据自身产业条件和经济实力，制定了加氢站建设行动方案，对加氢站的建设数量有明确的发展目标。

随着加氢站建设速度和规模的不断增长与扩大，全球加氢站陆续发生了一些安全事故。2019年6月，位于挪威首都奥斯陆郊外的一处合营加氢站高压储存装置的氢气罐中某个特定插头的装配错误导致加氢站发生爆炸。2020年，美国北卡罗来纳州一燃料电池工厂内为叉车和半挂车提供加氢服务的加氢站发生爆炸。因此，加氢基础设施的氢安全问题不容忽视。

目前我国主要在建和已经建成的加氢站主要以气氢加氢站为主，

同时，随着液氢运输进入标准放开阶段，各项技术正加速实现突破，氢能基础设施也正在加速建设，液氢加氢站是我国氢能基础设施未来的发展方向。

## 5.1　加氢站分类及典型工艺流程

按照加氢站建设方式的不同，可将加氢站分为固定式加氢站、撬装式加氢站、移动式加氢站：固定式加氢站是指具有固定安装的高压、中压氢气储气压力容器等固定设备的加氢站；撬装式加氢站一般指设置了可移动或可搬运底座的氢气压缩机及其辅助设备的加氢站；移动式加氢站是指可移动的、直接对氢能汽车或氢内燃机汽车或氢气天然气混合燃料汽车等的储氢瓶充装氢燃料的加氢站。

根据供氢方式的不同，又可将加氢站分为外供氢加氢站和内制氢加氢站。两者的工作流程略有不同，如图5.1、图5.2所示。外供氢加氢站是利用运输工具如长管拖车、液氢槽车、管道等方式运输氢气到加氢站，加氢站通过外部供氢获得氢气后，经过调压干燥系统处理转化为压力稳定的干燥气体，随后在氢气压缩机的输送下将氢气输入高压储氢罐中储存，最后通过氢气加注机（加氢机）为燃料电池汽车进行加注。

内制氢加氢站的加氢站内有制氢设备，可自行生产氢气，如通过电解水制氢、天然气重整制氢等方式制取氢气，压缩后实现对外加气。

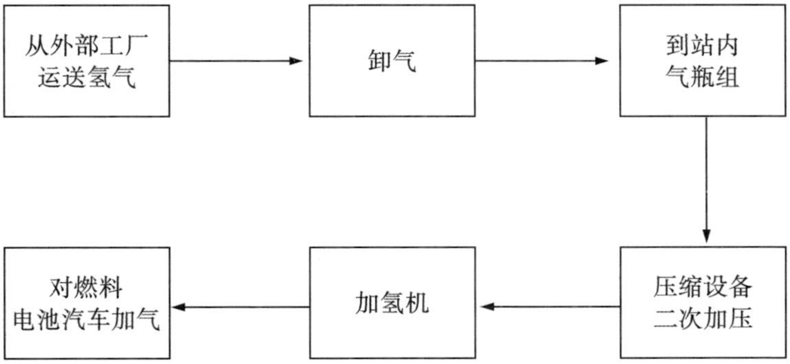


图5.1　外供氢加氢站工作流程

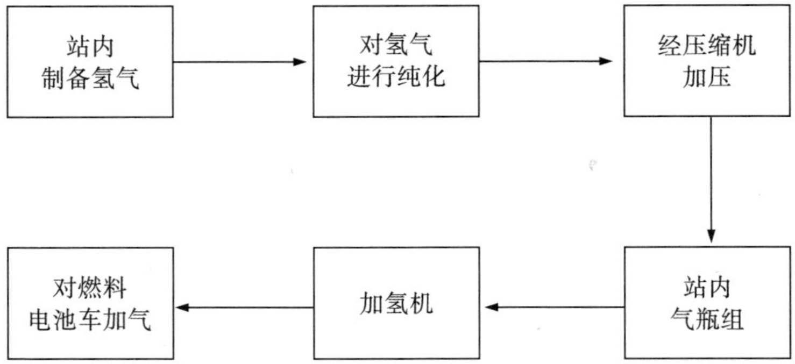


图 5.2　内制氢加氢站工作流程

尽管上述两种加氢站的设计原理略有不同,但关键系统与部件相差不大。

## 5.2　加氢站核心设备

加氢站有六个主要的子系统:制氢系统(自制氢)或输送系统(外供氢)、调压干燥系统、氢气压缩系统、储气系统、售气加注系统和控制系统。在这六个子系统主要涉及的核心装备有氢气压缩机、储氢压力容器和氢气加注机。

### 5.2.1　氢气压缩机

氢气压缩机是将氢源加压注入储氢系统的核心装置,也是建设加氢站的重要设备之一。其重要的性能指标是输出压力和气体封闭性能,氢气压缩机的制造应符合《加氢站技术规范》(2021 年版)(GB 50516—2010)的要求。目前,我国建设加氢站所用的氢气压缩机大多依靠进口,进口氢气压缩机的供货周期较长,维护成本较高,因此开展氢气压缩机的国产化研发十分必要。

氢气压缩机是通过改变气体的容积来完成气体的压缩和输送,需要具备承压大、流量大、安全和密封性好的特质。根据技术路线不同,氢气压缩机主要分为液压式氢气压缩机、隔膜式氢气压缩机和离子压缩机。三种氢气压缩机的特点对比如表 5.1 所示。目前国内加氢站较多采用液压式氢气压缩机、隔膜式氢气压缩机,离子压缩机在国外应用较多,压力在90 MPa左右。

**表5.1　三种氢气压缩机的特点对比**

| 压缩机类型 | 优势 | 劣势 |
| --- | --- | --- |
| 液压式氢气压缩机 | 排气量大;运行频率低,使用寿命长;设计简单,易于维修和保养;体积小;效率高 | 密封性要求高;氢气易受污染;密封圈易损坏,维护费用高;噪声较大 |
| 隔膜式氢气压缩机 | 密封性好,氢气纯度高;增压量大;单机压缩比大 | 进口设备费用较高;不宜频繁启停;排气压力较大时隔膜寿命短 |
| 离子压缩机 | 运动零部件少,维护方便;压缩过程散热良好;能耗低 | 制造标准与国内不同,引进复杂;价格高 |

液压式氢气压缩机采用液压油作为驱动介质,通过驱动侧活塞带动气体加压活塞运动实现气体的吸入和推出。国际上常用的液压式氢气压缩机的输出压力可达到100 MPa,主要品牌有德国的Maximator、Hofer、Sera,美国的Hydro-Pac、Haskel等,其中Maximator的产品应用量最大。目前,国内深圳思特克电子技术有限公司、山东赛思特流体控制系统有限公司也在开展该种机型的国产化研制与推广工作。中石化西上海油氢合建站、中石化安智油氢合建站、宇通加氢站等采用的是液压式氢气压缩机。

隔膜式氢气压缩机是将电动机作为动力源,驱动曲轴带动连杆,进而使连杆推动活塞做往复运动,活塞利用液压油对隔膜进行驱动,从而实现对气体的压缩和输送。隔膜式氢气压缩机在氢气的压缩与输送中,氢气不易受到污染,整个压缩过程没有泄漏,输出的压力可达100 MPa,密封性能较好。但隔膜式压缩机由于采用的是极薄的金属液压驱动膜片从而将压缩气体与液油完全分离,液油压缩结构与冷却系统也较为复杂,技术难度高于常规的压缩机。对于隔膜式氢气压缩机,目前主要的进口品牌有美国PDC、英国Howden、德国Hofer等,国内的自主品牌有北京中鼎恒盛、江苏恒久机械和京城环保等。

与传统氢气压缩机相比,离子压缩机通过离子液体构建液体活塞从而实现对气体的压缩。由于离子液体本身几乎不可被压缩且蒸气压极低，所以在压缩过程中不会对氢气造成污染。同时，离子压缩机使用液压驱动，相比普通压缩机构造简单，能够长期服役而无需维护；且离子压缩机能够降低压缩机排温从而提高可靠性并节约能耗。我国离子压缩机的应用案例相对较少，主要代表是淄博能源加氢站、舜华新能源驿蓝加氢站等。

现阶段，氢气压缩机的国产化比例正在逐步提高，如中鼎恒盛气体设备有限公司、北京天高隔膜压缩机有限公司、江苏恒久机械股份有限公司、京城机电控股有限责任公司等企业生产的压缩机的性能与进口产品越来越接近，相信未来会逐渐取代进口产品。

### 5.2.2 储氢压力容器

目前，世界上超过90%的加氢站均采用高压储氢方式，高压气态储氢装置主要有高压氢瓶和高压容器两大类，其中钢质氢瓶和钢质压力容器应用较多，成本较低。现阶段，20 MPa钢质氢瓶已得到广泛应用，并与45 MPa钢质氢瓶、98 MPa钢带缠绕式压力容器组合应用于加氢站。由于氢气与传统工业气瓶的钢制内胆易发生氢脆反应，因此加氢站内使用的高压储氢罐多采用碳纤维复合材料或纤维全缠绕铝合金制成的内胆，外加坚固的壳体。整体储氢装置设计、制造应符合《固定式压力容器安全技术监察规程》(TSG 21—2016)、《钢制压力容器分析设计标准》(JB 4732—1995)和《加氢站用储氢装置安全技术要求》(GB/T 34583—2017)的有关规定。现今，容器壁复合材料的制备和成型工艺是储氢罐制造的主要技术壁垒。

### 5.2.3 氢气加注机

与氢气压缩机、高压储氢瓶相比，氢气加注机制造的技术难度较小，主要的结构、工作原理与天然气加注机无较大区别，未来的发展方向主要是提供加氢站安全运营的检测系统。目前，我国氢气加注机的核心零部件多为常用高压涉氢管阀件，其中部分零部件仍需进口，故后续需要进一步进行国产化研发与推广，以降低成本。

除以上三大部件外，加氢站的建设还涉及各类氢气阀门及减压阀等。

## 5.3　加氢站运营成本及模式

### 5.3.1　运营成本分析

加氢站的主要设备包括储氢装置、压缩设备、加注设备、站控系统等，其中压缩机、加氢机、储氢罐等核心设备占建设成本比重较大，分别为32%、14%、11%。由于国内缺乏成熟量产的加氢站设备厂商，进口设备推高了加氢站的建设成本。目前建设一座35 MPa、500 kg/d固定式加氢站的投资成本为1500万～2000万元，即使扣除政府补贴的300万～500万元，加氢站投资成本依然是传统加油站的2～3倍。

此外，综合加氢站的维护、运营等费用，在没有政府补贴的情况下，加氢站的氢气加注成本为70～80元/kg。整体来看，国内加氢站建设成本较高，主要受限于设备进口和加氢站综合运营效率较低；同时，还面临设备维护与替换、人工、保险等费用。

以外供氢加氢站为例，若以纯加氢站模式运营，如某外供氢加氢站项目建设的实际数据显示，该加氢站加注能力为500 kg/d，项目建设总投资约1000万元(不含土地费)，其中员工薪酬及福利、设备折旧在加氢站的运营成本构成中占比较大，分别占37%和31%，如表5.2所示。

**表5.2　某外供氢加氢站运营成本构成**

| 项目 | 运营成本/(万元/a) | 备注 |
| --- | --- | --- |
| 折旧及摊销 | 67 | 直线折旧法，按15年计算 |
| 员工薪酬及福利 | 80 | 按10人计算 |
| 电费 | 44 | 压缩机及用电设备总功率150 kW，每天工作12 h，每年工作350 d，平均电价0.7元/(kW·h) |

续表

| 项目 | 运营成本/(万元/a) | 备注 |
|---|---|---|
| 管理费 | 10 | 办公、劳防用品等 |
| 定期检验费 | 5 | 防雷、安全阀压力表、计量检定等 |
| 设备维修费 | 10 | |
| 合计 | 216 | |

若以合建站模式运营，如油氢合建站，可节约三分之二的员工薪酬及福利和管理费。不考虑加氢站建设补贴，假设加氢站全年运营350 d，当运营负荷为55%、75%、90%、100%时，加氢站加注成本呈下降趋势，如图5.3所示。纯加氢站和合建站的加注成本差额约为2元/kg，合建站更有利于降低氢气的加注成本，获得更大的经济效益。

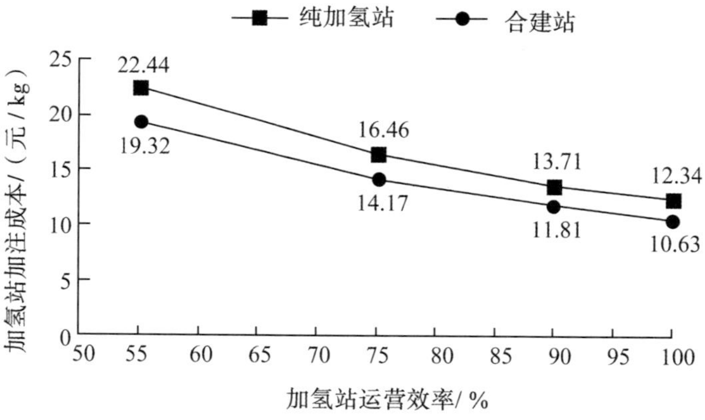


图5.3　外供氢加氢站加注成本

以某天然气橇装制氢纯加氢站项目建设实际数据为依据，该加氢站加注能力为500 kg/d，项目建设总投资约2500万元(不含土地费用)，其中燃料及动力费占年运营成本的64%，是影响加氢站运营成本的最主要因素，天然气价格(原料成本)是直接影响因素，详见表5.3。

表5.3　站内橇装制氢纯加氢站运营成本构成

| 项目 | 运营成本/(万元/a) | 备注 |
| --- | --- | --- |
| 折旧及摊销 | 129 | 直线折旧法,按20年计算 |
| 燃料及动力 | 367 | 天然气以含税采购价格3.24元/$m^3$计算,电价为0.6664元/(kW·h),水费为4.678元/$m^3$,制氢催化剂及化学品价格为1.75万元/a |
| 员工薪酬及福利 | 45 | 按5人计算 |
| 管理费 | 10 | 办公、劳防用品等 |
| 保险 | 8 | |
| 设备维修费 | 10 | |
| 合计 | 569 | |

若以合建站模式运营,在同样假设的条件下,随着运营负荷上升,加氢站加注成本同样呈下降趋势,如图5.4所示。可以看出,对于内制氢加氢站,独立运营和合建运营的加注成本差别不明显。根据市场情况可选择合适的运营模式,其运营成本大小主要取决于天然气(原料)价格。

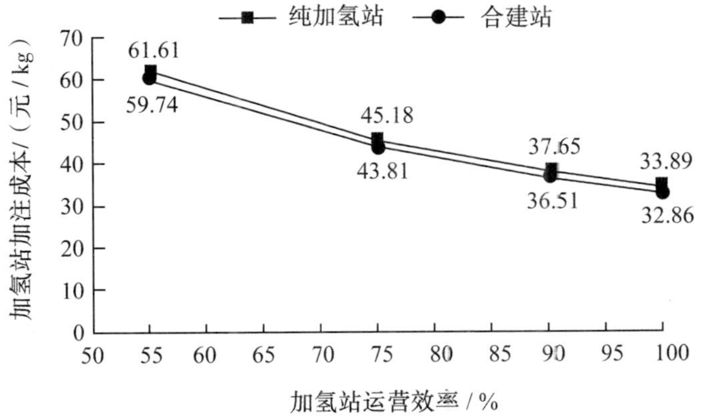


图5.4　内制氢加氢站加注成本

### 5.3.2 加氢站运营模式

虽然我国加氢站的建设数量与规模不断扩大，但截至2021年，我国燃料电池汽车保有量仅有8938辆，现阶段加氢站盈利仍面临较大的挑战。

(1)积极探索多种建站模式。为分担企业的运营成本，提升建设主体的建站意愿，减少加氢站对运营补贴政策的依赖，部分地区采取加氢站和加油站捆绑建设的模式，即企业在该地区投资建设一座加氢站，可以获批一座加油站，以加油站盈利补贴加氢站运营，以此推动该地区加氢站的建设。油氢合建站、气氢合建站可以不用变更土地属性，可有效解决加氢站建设城市内用地审批难的问题，土地成本优势明显，审批取证难度相对较低，加氢站建设速度快。

随着氢能及燃料电池汽车产业的快速发展，站内制氢供氢加氢站、液氢储氢加氢站等加氢站建设模式也在积极探索中。站内制氢供氢加氢站可避免氢气远距离运输，大大降低氢气运输成本。但当前国内相关法规对制氢场地的限制比较严格，这极大地制约了站内制氢加氢站在国内的发展。液氢加氢站由于占地面积小，大规模建设的建造成本更具优势；同时，液氢运输可以大大提高氢气运输效率，降低氢气运输成本。但由于技术设备以及成本等原因，液氢加氢站目前尚处于起步阶段，国内仅中国航天科技集团六院101所建成1座液氢试验用加氢站。

(2)油氢、气氢合建站成为主流。“以油养氢，油氢共建”已经成为现阶段加氢站建设运营的主要模式。2019年7月，中石化佛山樟坑油氢合建站正式建成，这是国内首座油氢合建站，自此以后，加快推进了油氢、气氢合建站建设的步伐。根据《上海市加快新能源汽车产业发展实施计划(2021—2025年)》，到2025年建成并投入使用各类加氢站超过70座，实现重点应用区域全覆盖。在安全可控的前提下，支持符合条件的加油(气)站改建为油(气)氢合建站。

## 5.4　我国加氢基础设施建设管理政策

### 5.4.1　加氢站规划建设全面布局

加氢站作为发展氢能的重要基础设施，是链接上游氢气和下游燃料电池的关键纽带，作为未来燃料电池汽车产业发展的基石，我国已进入了加氢站快速发展建设的阶段。截至2024年上半年，全球累计建成加氢站1262座，其中中国456座，全球占比达到36.1%，主要集中在以北京为中心的北部地区、以上海为中心的东部沿海地区、以武汉为中心的中部地区、以四川为中心的西南部地区和以广州为中心的南部地区，加氢站网络覆盖全国20个省份，其中广东省已建成加氢站68座，山东省38座，河北省33座，浙江、江苏、河南等地均超过25座。

氢能产业已成为我国战略新兴产业，国家各项政策鼓励引导氢能产业的发展，各地方政府也逐步推出适合于当地产业条件和应用发展的氢能管理规划。2020年下半年以来，北京、广东、四川等多个省份发布氢能产业相关规划与加氢站建设支持政策。据不完全统计，“十四五”期间，各地规划建设加氢站数量超过1000座，其中广东省计划建设各类加氢站200座、山东省计划建设100座、河南省计划建设76座，四川省计划建设60座。

(1)以北京为代表的北部地区，加氢站规划政策如表5.4所示。

**表5.4　北京等地的加氢站规划政策**

| 地区 | 政策 | 发布时间 | 总体目标 |
|---|---|---|---|
| 北京 | 《北京市氢燃料电池汽车产业发展规划（2020—2025年）》 | 2020年 | 重点完善公交车始末站点、环卫车停靠站附近及城市物流集散地加氢站建设 |

续表

| 地区 | 政策 | 发布时间 | 总体目标 |
| --- | --- | --- | --- |
| 河北 | 《河北省推进氢能产业发展实施意见》 | 2019年 | 氢能关键装备及其核心零部件基本实现自主化和批量化生产;氢能燃料电池等核心技术接近国际先进水平;加氢设施网络较为完善,成为国内氢能产业高地 |
| 天津 | 《天津市氢能产业发展行动方案(2020—2022年)》 | 2020年 | 聚焦核心技术研发和先进装备制造,打造资源生产供给基地、装备研发制造集群、技术协同创新平台、氢能应用示范中心,构建技术、产业、应用融合发展的氢能产业生态圈 |
| 山西 | 《山西省新能源汽车产业2019年行动计划》 | 2019年 | 以电动汽车、燃料电池汽车、甲醇汽车、燃气汽车为产业重点,初步构建创新能力强、产业化水平高、市场应用规模大的新能源汽车产业发展格局 |

(2)以上海为代表的东部地区,加氢站规划政策如表5.5所示。

**表5.5　上海等地的加氢站规划政策**

| 地区 | 政策 | 发布时间 | 总体目标 |
| --- | --- | --- | --- |
| 上海 | 《上海市燃料电池汽车产业创新发展实施计划》 | 2020年 | 以技术为核心的“一环”全产业链布局基本形成;四位一体创新体系高质量发展;“六带”发展规模持续扩大;加氢站建成运行超过30座 |
| 山东 | 《山东省氢能产业中长期发展规划(2020—2030年)》 | 2020年 | 有序推进加氢基础设施建设,累计建成加氢站30座(含与其他能源合建站);打造“中国氢谷”“东方氢岛”两大品牌,培育壮大“鲁氢经济带” |

续表

| 地区 | 政策 | 发布时间 | 总体目标 |
|---|---|---|---|
| 江苏 | 《江苏省氢燃料电池汽车产业发展行动规划》 | 2019年 | 基本形成布局合理的加氢网络，产业整体技术水平与国际同步，成为我国氢燃料电池汽车发展的重要创新策源地 |
| 浙江 | 《浙江省加快培育氢能产业发展的指导意见(征求意见稿)》 | 2019年 | 基本形成完备的氢能装备和核心零部件产业体系；氢燃料电池电堆、关键材料、零部件和动力系统集成核心技术接近国际先进水平；加氢设施网络较为完善，氢能在汽车、船舶、分布式能源等应用领域量化推广，成为国内氢能产业高地 |

(3)以武汉为代表的中部地区，加氢站规划政策如表5.6所示。

**表5.6 武汉等中部地区的加氢站规划政策**

| 地区 | 政策 | 发布时间 | 总体目标 |
|---|---|---|---|
| 武汉 | 《武汉市氢能产业突破发展行动方案》 | 2020年 | 逐步探索在城市建成区建设加氢站，鼓励企业在现有加油站、加气站、充电站内改扩建加氢设施 |
| 河南 | 《河南省氢燃料电池汽车产业发展行动方案》 | 2020年 | 基本形成以客车为主，环卫、物流等氢燃料电池汽车全面发展的产业格局，加氢站建成数量50座以上 |
| 安徽六安 | 《六安市氢能产业发展规划(2020—2025年)》 | 2020年 | 探索多元化建站模式。整合社会资源，创新合作模式，实现加氢站商业化运营。明确行业主管部门，出台加氢站审批及管理办法，打通行政审批流程，推进加氢站科学规范建设 |

(4)以四川为代表的西南部地区，加氢站规划政策如表5.7所示。

表 5.7　四川等地的加氢站规划政策

| 地区 | 政策 | 发布时间 | 总体目标 |
| --- | --- | --- | --- |
| 四川 | 《四川省氢能产业发展规划(2021—2025年)》 | 2020年 | 率先优化成都市内加氢站网络建设,以成都为中心,带动周边城市群加快推进加氢站网络构建 |
| 重庆 | 《重庆市氢燃料电池汽车产业发展指导意见》 | 2020年 | 2022年,在示范推广层面,建成加氢站10座;2025年,建成加氢站15座 |

(5)以广州为代表的南部地区,加氢站规划政策如表5.8所示。

表 5.8　广州等地的加氢站规划政策

| 地区 | 政策 | 发布时间 | 总体目标 |
| --- | --- | --- | --- |
| 广州 | 《广州市氢能产业发展规划(2019—2030年)》 | 2020年 | 加快加氢站等基础设施规划建设,努力建成与氢能应用相适应的供氢网络,积极探索混合建站发展模式,鼓励利用现有的加油站、加气站改建或扩建加氢设施,鼓励新建油、气站同步进行加氢设施建设 |
| 佛山 | 《佛山市南海区氢能产业发展规划(2020—2035年)》 | 2020年 | 调整加氢站选址思路,优先考虑布局独立选址的加氢站,加快加氢站建设步伐 |

在国内政策红利背景支撑下,加氢站建设仍持续维持高热状态,但未来的建设需以理性为主,科学布局,技术引领,成本先行。

### 5.4.2　加氢站相关管理办法逐渐完善

为了加快推动加氢基础设施的建设,规范加氢站审批及运营管理工作,保障加氢站安全运行,促进氢能产业健康持续发展,各地方政府和行业机构出台了多项管理办法与行业标准,如表5.9所示。

2020年7月，全国首个省级加氢站运营管理规范《车用加氢站运营管理规范》出台，山东省在此规范中明确了车用加氢站运营管理工作标准，规定了车用加氢站运营管理工作的基本要求、人员管理、氢气质量管理、现场安全管理、运行检查、应急管理、档案管理与数据记录、经营管理等主要内容。2020年12月，海南省发布的《海南省加氢站建设审批流程(试行)》，是国内首个省级加氢站建设审批流程管理办法。该管理办法明确了海南省内加氢站项目的报建、施工、验收、运营等环节的审批部门、审批流程、审批时限等，解决了加氢站建设审批主管部门不明确、审批时间过长等普遍问题。

**表5.9　各地方政府出台的加氢站管理办法**

| 省份 | 发布单位 | 发布时间 | 文件名称 |
|---|---|---|---|
| 山东省 | 山东省市场监督管理局 | 2020年7月 | 《车用加氢站运营管理规范》 |
| 四川省 | 成都市经济和信息化局 | 2021年3月 | 《成都市加氢站建设运营管理办法(试行)》 |
| 山西省 | 长治市人民政府办公室 | 2021年7月 | 《长治市加氢站建设运营管理实施意见(试行)》 |
| 贵州省 | 贵阳市商务局 | 2021年8月 | 《贵阳市汽车加氢站建设运营管理办法(试行)》 |
| 辽宁省 | 大连市住建局、发改委等12部门 | 2021年2月 | 《大连市加氢站管理暂行办法》 |
| 福建省 | 福州市人民政府 | 2020年11月 | 《福州市加氢站建设及经营管理暂行办法》 |
| 湖南省 | 岳阳市城管局 | 2020年12月 | 《岳阳市加氢站建设管理暂行办法》 |
| 河南省 | 郑州市城市管理局 | 2021年7月 | 《郑州市加氢站管理办法(征求意见稿)》 |
| 海南省 | 海南省住建厅、交通运输厅等7部门 | 2020年12月 | 《海南省加氢站建设审批流程(试行)》 |

综上，我国的加氢站布局整体落后于国外，加氢技术落后，加氢站压缩机基本依赖进口，远落后于国外的高压气氢和液氢加注水平，

技术欠缺，急需发展相关技术。虽然加氢基础设施建设难题已破局，35 MPa高压气氢加注设施成为建设主体，但大容量70 MPa快速加注及其相关的低温液氢“制-储-运-加”技术有待突破。此外，加氢站站内设备与构筑物距离过大，运输车技术落后导致加氢站加氢成本居高不下，难以实现商业化运行。

# 第6章　中国燃料电池汽车市场分析

从全球范围看，除工业用氢的消费主体之外，氢气作为清洁高效的能源载体，在交通、建筑供能等新兴用氢领域的部署规模日益扩大。在“双碳”目标下，国内燃料电池汽车产业发展迅速，燃料电池汽车技术水平快速提高，市场规模不断扩大。中国作为世界上最大的能源消费国和二氧化碳排放国，氢能在交通领域中的应用是中国氢能产业中长期发展的重点，也是氢能产业长期发展的重要突破口。

## 6.1　氢燃料电池概述

氢燃料电池是一种能够将储存在燃料（氢气）和氧化剂（氧气）中的化学能直接转换为电能的能量转换装置，其基本工作原理就是电解水的逆过程。

氢燃料电池的种类相当多而且分类的方式也各有不同，常用的分类方式是按电解质性质不同加以区分。根据电解质的不同，常用的燃料电池可以分为五大类：碱性燃料电池（AFC）、质子交换膜燃料电池（PEMFC）、磷酸燃料电池（PAFC）、熔融碳酸盐燃料电池（MCFC）、固体氧化物燃料电池（SOFC）。五类燃料电池输出功率范围、发电效率、优缺点、应用领域都不尽相同，详见表6.1。

表 6.1 各类燃料电池特征与应用

| 项目 | 质子交换膜燃料电池 | 碱性燃料电池 | 磷酸燃料电池 | 熔融碳酸盐燃料电池 | 固体氧化物燃料电池 |
|---|---|---|---|---|---|
| 类型 | | | 第一代 | 第二代 | 第三代 |
| 电解质材料 | 全氟磺酸膜 | 氢氧化钾溶液 | 磷酸水溶液 | 熔融碳酸盐 | 固体氧化物 |
| 工作温度 | <120 ℃ | <100 ℃ | 150～200 ℃ | 600～700 ℃ | 700～1000 ℃ |
| 发电效率 | 纯氢:60%<br>重整气燃料:40% | 60% | 40% | 50% | 60% |
| 功率 | <1～100 kW | 1～100 kW | 约 1000 kW | 100～1000000 kW | 约 100000 kW |
| 用途 | 交通用、分布式发电、便携式 | 军事、航天 | 分布式发电 | 分布式发电、大型发电厂 | 分布式发电、大型发电厂 |
| 优点 | 低温、启动快 | 成本低、低温、启动快 | 对燃料中的杂质较不敏感 | 燃料适应性强、使用非贵金属催化剂 | 燃料适应性强、使用非贵金属催化剂 |
| 缺点 | Pt 催化剂昂贵、对燃料中的杂质敏感 | 对 $CO_2$ 敏感、需更换电解质、对 S 敏感 | 贵金属催化剂昂贵、启动时间长、对 S 敏感 | 高温腐蚀、熔融碳酸盐电解质有腐蚀性、启动时间长 | 高温腐蚀、启动时间长 |
| 代表企业 | 丰田、本田、现代、Ballard、松下、东芝 | AFC Energy | 斗山 | Fuel Cell Energy | Bloom Energy、爱信精机 |

目前应用最广泛的氢燃料电池是质子交换膜燃料电池,因其使用

固态薄膜电解质且工作温度一般在120 ℃以下，具有启动快、动态响应快等特点，使其适用于交通领域，目前已广泛应用于乘用车、商用车及重卡等。它以纯氢为燃料，使用固体聚合物作为电解质，含有铂或者铂合金催化剂的多孔碳作为催化剂，是比能量高、寿命长、可低温启动、应用范围广的燃料电池。质子交换膜燃料电池目前占有产量、专利大部分份额，如图6.1、图6.2所示，未来发展潜力大，为产业化主流方向。

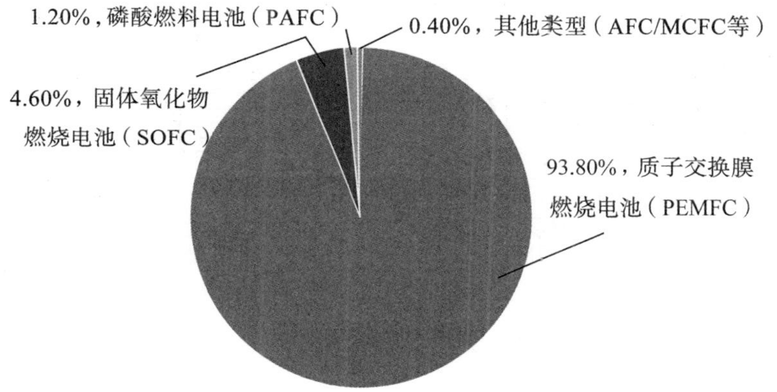


图6.1　2022年我国燃料电池出货量产品类型（按电池类型记WM）

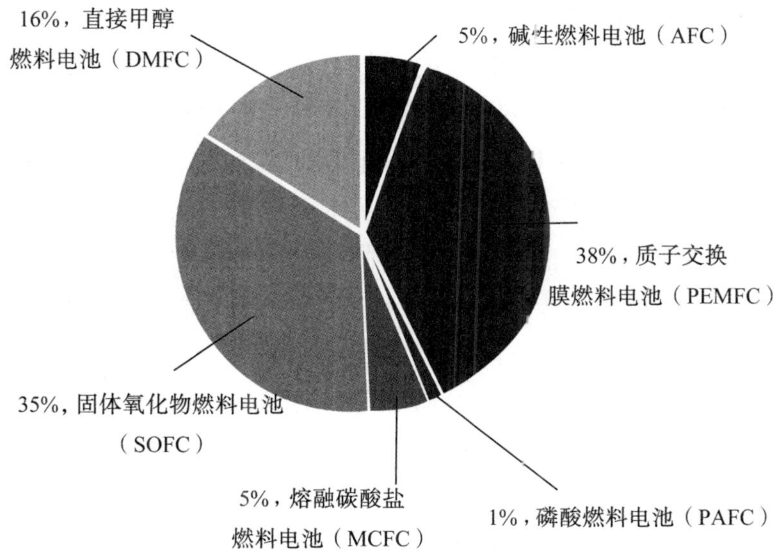


图6.2　燃料电池领域专利成果分布

### 6.1.1　氢燃料电池产业链

氢燃料电池产业链包括上游材料、中游集成、下游应用(见图6.3)。

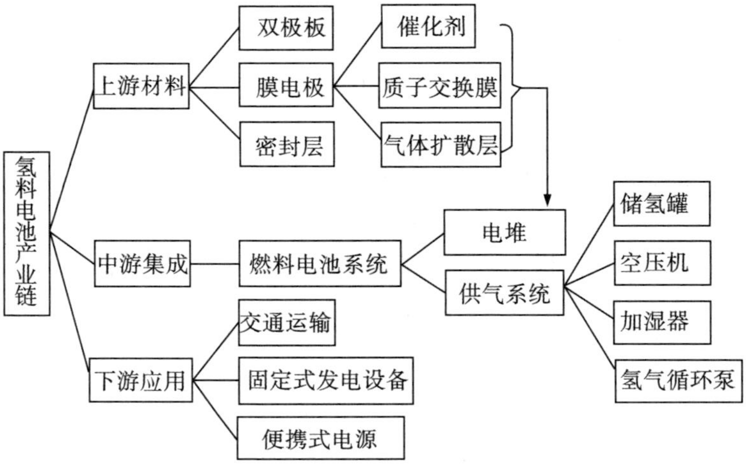


图6.3　氢燃料电池产业链

上游材料主要包括膜电极及其关键材料、双极板和密封层。其中,膜电极由催化剂、质子交换膜和气体扩散层构成。膜电极是燃料电池电化学反应最重要的基本单元,它的结构设计和制备工艺技术是研制低成本、高性能燃料电池的关键技术,决定了电池的工作性能。当前,石墨双极板、金属双极板和密封层已实现国产化,且用于催化剂、质子交换膜和气体扩散层具备批量生产能力,但产品质量与进口产品仍有差距,国内膜电极厂家仍以使用国外产品为主,膜电极关键材料的国产化替代是上游材料发展的核心突破口。

产业链中游集成涉及燃料电池系统的组装部分。集成的燃料电池系统由电堆和供气系统两部分构成。电堆由上游材料组成,供气系统则包括储氢罐、空压机、加湿器和氢气循环泵,其中空压机技术要求及成本占比较高,国内已有多款产品推出并装车应用,但距离未来低能耗发展要求仍有一定差距。目前在国家大力推进燃料电池新能源车的形势下,我国的中游企业发展起步较快,涌现出多家系统集成厂商。

产业下游应用主要有交通运输、固定式发电设备、便携式电源以及包含军事、航天在内的特殊领域。

### 6.1.2 各国氢燃料电池产业发展概况

全球许多国家均对氢燃料电池的发展投入了大量资源，以期在未来新时代的能源竞争中占据领先位置。从目前的情况来看，日本、韩国和中国对燃料电池的整体投入较高，以丰田、现代为代表的燃料电池乘用车和固定式热电联供系统以及氢能大巴、物流车的生产均处于全球领先地位；近两年美国在制造方面的增速不如东亚国家，但加利福尼亚州作为燃料电池乘用车使用最集中的区域仍然占有举足轻重的地位；欧洲的燃料电池研发起步很早，近年来奔驰等传统车企以及博世等一级供应商均已进入燃料电池领域。

(1)日本。日本高度重视氢能产业的发展，政府将氢能发展上升为国家战略，先后投入数千亿日元用于氢能及燃料电池技术的研究和推广。日本在氢燃料电池领域处于全球领先地位，加氢站基础设施密度在全球相对来说最大，已实现燃料电池车的大规模商业化推广。截至2022年年底，丰田MIRAI全球总销量达到21864辆，其中本土销量7466辆，Ene-farm热电联产系统数量超过48万套，加氢站超过160座。燃料电池产业链成熟，电堆、系统、整车和氢气制储运所有环节基本都有本土供应商，丰田和本田等企业持续投入多年，已形成闭环供应链体系。日本规划2030年燃料电池车保有量达81万辆，加氢站900座，热电联产系统530万套，2040年实现燃料电池车的普及。

(2)韩国。韩国政府大力支持燃料电池技术，保持长期研发态势，力度大、补贴高。2008年以来，韩国政府先后投入3500亿韩元持续推进氢能及燃料电池技术研发。韩国燃料电池商业化应用快速发展，发电机装机量全球领先，燃料电池运营车辆达到千台级规模。产业链发展完善，绝大部分环节均有国内供应商，并且以现代为首的韩国巨头企业纷纷入局燃料电池。现代布局整车、系统、电堆和双极板，形成自给供应链，乘用车NEXO全球累计销量超过3.7万辆，

NEXO中国版在2022年正式获得中国新能源牌照；三星在膜电极领域积累深厚，专利数量位居世界前列；浦项制铁切入金属双极板；ILJIN Composite开发了超轻复合氧气罐，采用碳纤维复合材料以及增强纳米复合材料内衬。截至2022年年底，全球氢燃料电池汽车保有量为67315辆，同比增长36.4%，韩国保有量达29369辆，位居全球第一，规划2040年燃料电池车保有量达到290万辆，加氢站1200座，发电站装机量达15 GW。

(3)美国。美国是最早将氢能及燃料电池发展作为能源战略的国家。美国政府对氢能和燃料电池给予了持续支持，在2022年推出了《通胀削减法案》，用于加速美国能源安全升级和转型。该法案中相当大一部分与氢能及燃料电池相关。美国燃料电池产业链齐全，各环节参与企业包括整车企业、化工巨头、机械设备领军企业和第三方燃料电池企业。在质子交换膜领域，美国企业全球领先，戈尔凭借出色性能，垄断全球绝大部分质子交换膜供应，市场占有率常年超过80%。美国液氢产能和燃料电池乘用车保有量全球第一，截至2022年年底，美国共有270个正在运营的氢气生产设施，另有130个在建或处在规划中。同时，美国燃料电池汽车保有量达到14979辆，规划2030年燃料电池车保有量达到100万辆，加氢站1000座。

(4)德国。德国是欧洲发展氢能最具代表性的国家。政府专门成立了国家氢能与燃料电池技术组织推进相关领域的工作，德国政府2023年通过新版《国家氢能战略》，预计到2030年，德国的氢能需求量将达到130 TW·h，其中50%～70%需要进口，德国政府正在制定相关进口战略。此外，德国还计划到2030年将国内电解氢能力的目标提高一倍，从5 GW提高到至少10 GW。德国还将建立高效的氢能基础设施，计划在2027/2028年前改造和新建超过1800 km的氢气管道。德国可再生能源制氢规模全球第一，燃料电池的供应和制造规模全球第三，已进入商业化导入期，截至2022年年底德国燃料电池车保有量为2135辆，列车和热电联产均有推广；重视基础设施建设，截至2022年年底在营加氢站数量达96座。产业链生态完备，车企巨头奔驰、宝马持续发力燃料电池汽车研发及产业化；Inhouse专注于燃料电池热电联产；巴斯夫在膜电极及上游材料质子膜、催化剂领域积累深厚；西格里是全球三大气体扩散层生产企业之一；普旭氢循环泵生产能力全球领先。

(5)欧洲其他地区。成立燃料电池联盟共同推进燃料电池，远期规划宏大，计划2050年燃料电池车达到4500万辆，2040年加氢站达15000座。截至2023年年底，欧洲共有265座加氢站投运，计划到2025年达到770座，到2030年达到1500座。欧洲多国企业切入燃料电池领域，其中电堆和系统环节企业较多，代表企业有瑞典的PowerCell公司、英国的Intelligent Energy公司、荷兰的Nedstack公司等；基础材料方面，英国的Johnson Mathey公司在催化剂研发与生产领域全球领先；空压机领域，瑞典OPCON积累深厚。

## 6.2　氢燃料电池技术发展现状和趋势

氢燃料电池动力系统是由电堆(核心)、氢气供给循环系统、空气供给循环系统、水热管理系统、电控系统、智能监控系统相互协调构成，如图6.4所示。涉及的核心零部件和关键材料包括膜电极、双极板、空压机、氢循环泵、加湿器、储氢罐和质子交换膜、催化剂、气体扩散层等。

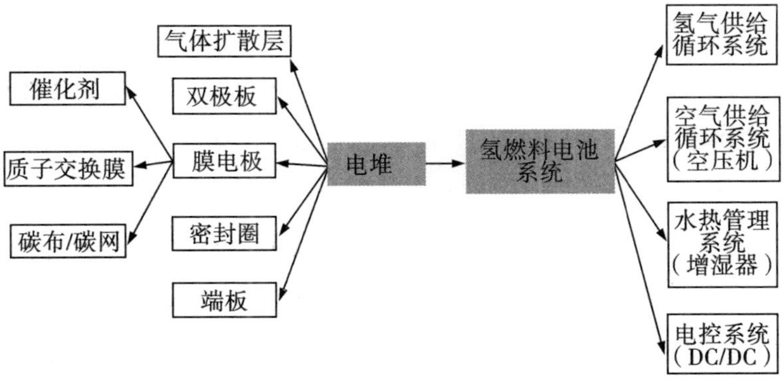


图6.4　氢燃料电池系统构成

### 6.2.1 核心零部件

(1)双极板。双极板是PEMFC的关键部件之一,主要功能是支撑、收集并输送电流、分配氧化剂与还原剂、维持电堆温度均匀等。从功能上要求双极板材料是电与热的良导体、具有一定的强度以及致密性等。双极板需要在PEMFC酸性、湿热环境下具有耐腐蚀性,且对其他部件与材料的相容性较高;在产品化方面,要求双极板材料要易于加工、成本低廉。

根据基体材料的不同,双极板可分为石墨双极板、金属双极板和复合材料双极板三种类型,每种类型各有其特点。不同双极板的特点对比见表6.2。

**表6.2 不同双极板的特点对比**

| 类型 | 优势 | 劣势 | 供应商/研究机构 |
|---|---|---|---|
| 石墨双极板 | 导电性、导热性、耐腐蚀性好,质量轻,技术成熟 | 体积大、强度和加工性能较差 | 美国POCO、SHF、Graf Tech,加拿大Ballard,日本Fujikura Rubber LTD、Kyushu Refracto-ries,英国Bac2,中国上海弘枫、浙江华熔、广东环华 |
| 金属双极板 | 强度高,导电性、导热性好,厚度小,成本低 | 密度较大、耐腐蚀性差 | 美国Treadstone,瑞典Cell Impact,德国Dana、Graebener,中国上海治臻、国氢科技、大连化物所 |
| 复合材料双极板 | 兼具石墨材料的耐腐蚀性能和金属材料的高强度等特点,阻气性好 | 质量大、加工烦琐、成本高 | 英国Porvair,美国橡树岭国家实验室,日本日清坊,中国北京氢璞、华南理工大学等 |

石墨是最早用来制造双极板的材料,具有极佳的耐腐蚀性和导电性,目前硬质石墨双极板技术已经成熟,并且实现了国产化。但硬质石墨脆性大,难以进行机械加工,较差的力学性能导致其应用场景不断减少,采用膨胀石墨通过模压成型的柔性石墨双极板具有良好的应用前景,目前国内已有柔性石墨双极板量产线和成熟产品。此外,石

墨表面结构疏松多孔，容易导致氢气和氧气的相互渗透，科学家们为了解决该问题，只能增加石墨双极板的厚度，这导致电池的体积太大，不适用于体积敏感的乘用车。目前主流供应商有美国POCO公司、SHF公司、Graf Tech公司，日本Fujikura Rubber LTD公司、Kyushu Refractories公司，英国Bac2公司等。国产厂商主要有上海弘枫、浙江华熔、广东环华等第三方企业以及神力科技、国鸿氢能等自产自用型企业。

金属双极板具有良好的导电性、导热性，且气体透过率低，良好的力学性能使其在乘用车领域逐渐取代了石墨双极板，成为应用较为广泛的双极板材料。常用于制作双极板的金属材料有不锈钢、钛合金、镍基合金和铝合金等，其中不锈钢的成本较低，且具有良好的力学性能，既是应用最早也是应用最广的金属双极板材料。日韩车辆多采用金属双极板，我国电堆企业初期主要采用石墨双极板，但就体积功率而言，石墨双极板比金属双极板低20%～30%，导致电堆体积较大，且乘用车对寿命的需求较商用车低，因此金属双极板更适用于乘用车。目前金属双极板主要供应商有瑞典的Cell Impact，德国的Dana、Graebener，美国的Treadstone等，国内上海治臻依托上海交通大学研制出车用燃料电池金属双极板并形成大规模批量化生产线，大幅降低了金属双极板制造成本，在金属双极板市场的占有率已超过一半，大大推动了我国金属双极板的商业化应用。

复合材料双极板是以高分子树脂、石墨等导电填料为主要原料，通过注塑等方式制成的双极板。高分子树脂主要有热固性树脂和热塑性树脂两大类，前者在双极板的制备中使用较多。复合材料双极板具有石墨双极板的优点，此外添加的高分子树脂能够提升双极板的强度，改善加工性能，降低气体的透过率。然而，高分子树脂的添加会导致电导率下降及加工成本提高，且石墨与树脂材料之间存在的加工间隙容易造成燃料的泄漏，目前尚未形成主流技术。

美国能源部对双极板材料的各项性能做出了一些要求（2020年和2025年），如表6.3所示。

表 6.3 美国能源部对双极板材料各项性能的要求

| 性能 | 2020 年 | 2025 年 |
|---|---|---|
| 质量功率密度/(kg/kW) | 0.4 | 0.18 |
| 氢气渗透率/[$cm^3/(cm^2 \cdot s)$] | $1.3\times10^{-14}$ | $2\times10^{-6}$ |
| 成本/(美元/kW) | 3 | 2 |
| 阴极腐蚀电流密度/($\mu A/cm^2$) | 1 | <1 |
| 寿命/h | 5000 | 8000 |
| 电导率/(S/cm) | 100 | >100 |
| 表面接触电阻/($\Omega \cdot cm^2$) | 0.01 | <0.01 |
| 抗弯强度/MPa | 25 | >40 |

综上，石墨双极板供给较为成熟，成本低廉，由于其寿命是金属双极板循环寿命的 1.5 倍以上，因此更适用于商用车，但其性能缺陷难以克服，逐步被金属双极板替代；复合材料双极板的性能优异，但复杂的生产工艺需要进一步优化以降低成本。金属双极板作为目前使用最广泛的双极板，其耐腐蚀性能和导电性仍需提高。

(2)空压机。空压机的作用是将常压的空气压缩到燃料电池期望的压力，并根据电力需求提供相应的空气流量。目前，车用燃料电池使用的空压机主要是涡旋式空压机、螺杆式空压机及离心式空压机等。

螺杆式空压机的优点是压力/流量可以灵活调整、启停方便、安装简单；但其缺点是噪声大、体积大、质量大和价格高。目前美国 GM 公司、Plug Power 公司，德国 Xcellsis 公司，加拿大 Ballard 公司等的燃料电池系统中均采用此类空压机。涡旋式空压机容积效率较高，且压力与气量连续可调，在宽的工况下都能达到较高的效率，但与离心式空压机相比，尺寸和质量较大，日本丰田 Mirai 一代、美国 UTC 等公司的燃料电池系统均采用此类空压机。离心式空压机具有结构紧凑、响应快、流量大、寿命长和效率高等特点，是目前PEMFC用空压机的开发方向，丰田Mirai二代已使用离心式空压机替换涡旋式空压机。国外离心式空压机已完成产业化导入，国内势加透博研发的双级离心式空压机经过大功率系统装车验证，性能优于其他类型空压机，该公司已成为国内空压机市场占有率最高的企业。低功耗以及可进行能量回收的离心式空压机是未来燃料电池汽车空压机的发展趋势。

(3)氢气循环系统。氢气循环系统已逐渐完成国产化替代，目前近3/4的装机量仍以氢气循环泵进行氢气供应，1/4左右的装机量使用氢气循环泵搭配引射器形式供应氢气。引射器因能耗低、体积小、噪声小、成本低，市场份额近期增长较快，全功率范围引射、精确稳定控制是引射器未来重要的研究方向。目前，东德实业占据了国内氢气循环系统超过一半的市场份额，其中氢气循环泵出货量接近5000台，引射器出货量超3000台。东德、瑞驱等国产品牌已占国内市场份额超八成。

(4)增湿器。目前国际上的主流产品是Gas-to-Gas增湿器。国外已有许多企业开发出板式和管式增湿器产品，如美国Perma-Pure、德国Freudenberg FCCT、德国Mann-Hummel等厂家。近几年国内已有多家企业通过技术研发、自动化产线建设逐步实现国产化替代，深圳伊腾迪增湿器月产量可达10000台，与芜湖同优共同占据国内超六成的市场份额。未来增湿器将朝着定制化匹配及大功率适配方向发展。

(5)储氢瓶。金属内胆纤维缠绕瓶(Ⅲ型)和塑料内胆纤维缠绕瓶(Ⅳ型)是当前国内车载储氢瓶的主流技术方向，其技术的关键点在储氢瓶的内衬材料、纤维缠绕层和过渡层上，美国GM及加拿大Dynetek等通过升级碳纤维缠绕层技术，已实现70 MPa Ⅳ型瓶量产。国外品牌车载储氢瓶基本使用Ⅳ型瓶，而国内已实现35 MPa Ⅲ型瓶制造及量产技术，如中材科技等国内品牌已具备国家市场监督管理总局核准的70 MPa-Ⅳ型瓶制造许可，未来国产化Ⅳ型瓶市场占有率将会持续提高。但储氢瓶瓶口阀、PRD阀等需要承受高压和温度冲击，目前国内仍以进口管阀件为主。

### 6.2.2 关键原材料

(1)质子交换膜。质子交换膜是PEMFC的关键材料,主要功能是传输质子、阻隔阳极燃料和阴极氧化剂以及电子绝缘,需要具备:①高质子传导率、低电子传导率;②气体渗透性低;③电化学稳定性高;④一定的机械强度等。

目前PEMFC采用的质子交换膜主流产品是全氟磺酸型复合质子交换膜,具备机械强度高、稳定性好、导电率高等优势,但同时也存在短板,比如工作温度接近100 ℃时质子传导性会变差、高温下容易化学降解、单体合成难度大、成本比较高等。因此,多家相关机构也在研发适合更高工作温度的高性能低成本质子交换膜。

质子交换膜产品供应商集中于日本和欧美国家(见表6.4)。其中长支链全氟磺酸膜以美国杜邦公司的Nafion系列为代表,同时包括日本旭化成公司的Aciplex系列、日本旭硝子公司的Flemion系列等;短支链全氟磺酸膜的代表性产品为苏威集团的Hyflon和陶氏化学公司的XUS-B204系列,但质子交换膜目前的制备过程较为复杂,生产成本高。复合膜是通过复合膨体聚四氟乙烯(ePTFE)增强层的方法来改性全氟磺酸膜从而提升其强度以降低质子交换膜厚度,以美国Gore公司和3M公司的产品为主,Gore公司的GORE-SELECT®系列质子交换膜常年占据车用燃料电池质子交换膜市场份额的八成以上,已应用于超过60000辆燃料电池汽车。目前国内具备质子交换膜批量生产能力的企业主要是山东东岳、武汉绿动、浙江汉丞等,质子交换膜的国产化率也在逐步提高。

**表6.4 全球质子交换膜主要公司及产品**

| 公司/机构 | 国别 | 产品 |
| --- | --- | --- |
| 美国杜邦公司 | 美国 | Nafion系列 |
| 陶氏化学公司 | 美国 | XUS-B204系列 |
| 美国3M公司 | 美国 | 全氟磺酸离子交换膜系列 |
| Gore公司 | 美国 | 全氟磺酸离子交换膜系列 |

续表

| 公司/机构 | 国别 | 产品 |
| --- | --- | --- |
| 日本旭硝子公司 | 日本 | Flemion系列 |
| 日本旭化成公司 | 日本 | Aciplex系列 |
| 索尔维集团 | 比利时 | Solvay系列 |
| 巴拉德动力系统公司 | 加拿大 | BAM系列 |
| 山东东岳未来氢能材料股份有限公司 | 中国 | DF988/DF2801 |

(2)催化剂。催化剂是PEMFC的关键材料之一,其作用是促进氢、氧在电极上的氧化还原过程,提高反应速率。目前PEMFC中常用的商用催化剂是铂基催化剂,由纳米级的Pt颗粒(3~5 nm)和支撑这些Pt颗粒的高比表面积活性炭构成。但由于铂资源高昂的价格,催化剂成本占膜电极成本一半左右,低铂和非铂催化剂一直都是重点研究方向;此外,铂基催化剂也存在稳定性低的问题,在燃料电池使用过程中催化剂性能会衰减,可以通过加入其他金属的方式来提高催化剂稳定性和活性,并降低铂用量。目前研究热点主要集中在减少铂消耗量、提高催化剂的耐久性以及开发新型催化剂来减少或避免铂的使用,如表6.5所示。

近年来铂用量正在快速下降,已从10年前的0.8~1.0 g/kW降至当前的0.2~0.4 g/kW。根据美国能源部的目标,2025年PEMFC电堆的铂用量将降至0.1 g/kW左右;丰田公司和本田公司的燃料电池车型已经能够将铂用量降至0.2 g/kW以内;3M公司已经开发出可量产的有序化膜电极,铂载量仅为0.118 $mg/cm^2$。

**表6.5　催化剂主要研究方向**

| 催化剂 | 类型 | 优点 |
| --- | --- | --- |
| Pt-M催化剂 | Pt与过渡金属合金催化剂 | 通过过渡金属催化剂对Pt的电子与几何效应,在提高稳定性的同时,提高质量比活性;同时,减少了贵金属的用量,大幅降低催化剂成本 |

续表

| 催化剂 | 类型 | 优点 |
|---|---|---|
| Pt核壳催化剂 | 利用非Pt材料为支撑核、表面贵金属为壳的结构 | 可降低Pt用量，提高质量比活性，是下一代催化剂的发展方向之一 |
| Pt单原子层催化剂 | Pt单原子层的核壳结构催化剂 | 可有效降低Pt用量，提高Pt利用率，改善催化剂性能 |
| 非贵金属催化剂 | 主要包括过渡金属原子簇合物、过渡金属螯合物、过渡金属氮化物与碳化物 | 降低成本 |

国外企业技术领先，国内企业已有突破。日本Tanaka公司、美国3M公司、英国Johnson Matthey公司、德国BASF公司、比利时Umicore公司等企业均已实现催化剂稳定量产。国内企业中上海济平新能源科技有限公司已建成国内首条完全自主知识产权的全自动催化剂生产线，年产能达2 t，产品大批量上车应用。自催化燃料电池用铂碳催化剂公斤级制备线已经建成并具备批量化生产能力，具备铂碳催化剂1.5 kg/批次、500 kg/a的生产制造能力，铂合金催化剂的研发及公斤级批量制备技术亦稳步推进。

(3)气体扩散层。气体扩散层位于催化层外侧，作用是支撑催化层、稳定电极结构，并为参与电极反应的气体、质子、电子和生成的水提供通道。因此，气体扩散层基底材料的性能将直接影响燃料电池的性能。气体扩散层必须具备良好的机械强度、合适的孔结构、良好的导电性、高稳定性。

通常气体扩散层由支撑层和微孔层组成，支撑层材料大多是经憎水处理过的多孔碳纸，微孔层通常由导电炭黑和憎水剂构成，作用是降低催化层和支撑层之间的接触电阻，增强导电性，提高电极性能。

目前国外商业化碳纸等材料从性能上已能够较好地满足燃料电池要求，而气体扩散层是加工费用主导成本的部件，规模化生产将会带来大幅的成本削减，因此低成本碳纸开发及扩散层大规模连续生产工艺是未来研究的重点。

国外碳纸企业技术成熟度高,但国内企业也已开始小批量进口替代。日本东丽株式会社(目前市场份额最大)、德国SGL公司、加拿大Ballard公司等公司已经具备规模化量产能力。我国对碳纸的研发主要集中于佛山绿动氢能科技有限公司、深圳通用氢能科技有限公司、上海碳际实业集团有限公司等公司,其中佛山绿动氢能科技有限公司于2023年年底在佛山建成国内首条超高温、大幅宽碳纸自主技术量产线,有效填补了国内自主化生产高性能碳纸产品的空白。

## 6.3　中国燃料电池汽车市场

目前,我国燃料电池汽车市场仍处于产业发展初期。2016年以来,随着地方政府的大力支持,多方资本开始加快进军燃料电池汽车市场的步伐,带动市场经济持续增长。从中国市场来看,2016—2019年燃料电池行业快速发展,到2019年中国燃料电池市场规模暴增,达到27亿元。燃料电池汽车销售数量也从2016年的29辆增长到2019年的3190辆,年均复合增长率达到379%。然而到2020年,我国燃料电池市场规模下降到15亿元,同比下降44.44%。据了解,2020年以来,相关部门对燃料电池汽车的补贴政策进行了调整,但迟迟未落地,导致2020年燃料电池汽车销量同比下降53%。

2020年9月21日,财政部、工信部等五部门发布《关于开展燃料电池汽车示范应用的通知》,该通知采取新的激励措施,以"以奖代补"的方式,推动燃料电池汽车产业聚集发展。随着示范政策的实施,燃料电池汽车市场持续快速发展。2021年我国燃料电池汽车销量达到1586辆,同比增长35%左右;2022年我国燃料电池汽车销量达到3367辆,同比增长112.3%。随着各地政策全面布局,加氢基础设施不断完善,预测到2025年,我国燃料电池车辆的保有量将达到5万辆。

在燃料电池汽车应用场景方面,近年来,我国燃料电池客车以中型车为主,其余各车型不断丰富。我国燃料电池汽车的示范应用以城市公交车为切入点,目前氢能源公交车市场投运数量超过3500辆。

京津冀地区依托示范城市优势和2022年北京冬季奥运会，大力发展氢燃料电池公交车，仅张家口就推广氢燃料电池公交车444辆；广东省也有超千辆氢燃料电池公交车实现推广。氢燃料电池城市物流车也是目前氢燃料电池汽车应用的重要场景，新能源汽车国家监测与管理平台显示，我国氢燃料电池物流车累计接入4739辆，接入量占比41.17%。

由于中重型商用车颗粒物、氮氧化合物及二氧化碳排放量较高，氢燃料电池汽车示范政策也逐渐向中远途、中重型载货车倾斜，近两年短倒运输、渣土运输等场景加入了氢燃料电池重卡，氢燃料电池货车重型化进程明显加快，我国氢燃料电池重卡在2023年4月保有量突破3000辆。从销售车型来看，2022年氢燃料电池牵引车占比26%，氢燃料电池客车占比24%，氢燃料电池专用车占比24%，其次为氢燃料电池载货车（11%）、氢燃料电池自卸车（9%）、氢燃料电池乘用车（6%）。其中10～12 m长客车以及49T牵引车同比增长尤其明显，氢燃料电池客车大型化趋势明显。

从车型的技术水平来看，我国燃料电池系统额定功率逐年大幅度提高，100 kW以上的氢燃料电池汽车成为主流，而且我国已有系统功率在200 kW以上的氢燃料电池汽车投入运营。

在燃料电池汽车分布区域方面，2021年以来，受国家燃料电池汽车示范应用政策的影响，加之“氢进万家”科技示范工程的推进，氢燃料电池车辆在广东、上海、北京等早期示范城市中得到充分推广，分别达到3152辆、3210辆和2651辆。河北、河南等新晋示范城市群发展较快，分别达到1149辆、1513辆。随着清洁、经济的制氢体系加快形成，高效储运氢方式的逐步突破，以及加氢基础设施建设的逐步完善，内蒙古、四川等可再生能源丰富的地区，也将依托供应丰富、成本较低的氢气资源，通过政府统筹资源配置，技术与市场的协同发展，进一步促进了氢燃料电池汽车市场的快速发展。

# 第7章　氢能产业发展存在的问题及建议

自“双碳”目标提出后，氢能凭借来源广泛、可储可输、零碳排放等特点，备受关注。在这一背景下，氢能也被赋予了更加丰富的内涵，应用空间更加广泛，越来越多的人认识到氢能将在以可再生能源为主体的现代能源体系中发挥重要作用。

目前，已有超过三分之一的中央企业开始布局制氢、储氢、加氢、用氢等氢能产业一体化的发展格局。在制氢和储运氢环节，国家电投于2017年成立了氢能科技发展有限公司，在多地广泛布局制氢、储运氢和加氢等项目，尤其是在推进可再生能源制氢、探索天然气管道掺氢等方面。在加氢站建设运营环节，中石化提出“十四五”期间建成1000座加氢站或油氢合建站，推动氢源由灰氢向蓝氢、绿氢转变。在燃料电池汽车环节，中国一汽、东风、中国中车等发布多款燃料电池汽车公告，并加快推广应用。

然而，氢能技术虽然近几年进步较大，但仍然缺乏实质性的技术突破，当前产业的迅速发展并非基于技术突破，而是源于需求的迅速扩大。我国氢能产业发展整体上还处于起步阶段，产业发展亟待政策市场培育，产品研发亟待关键技术引领。我国在产业化能力、核心技术创新能力等方面仍存在一定的短板，这制约着氢能产业一体化发展。

## 7.1 产业发展现状问题

### 7.1.1 体系建设缓慢，氢能保障掣肘

氢能产业涉及多学科且应用领域广、产业链长、技术路线复杂，推动氢能产业高效发展需要建立有效的规范管理机制，保障氢能在“制—储—运—用”等各个环节之间高效联动，在合法合规、安全生产的前提下，快速响应市场需求。但从深层上看，国家的一些相关标准法规缺乏深度配套，有的甚至互相掣肘，导致氢能产业发展受阻。

从氢气的制取过程来看，目前氢气的制取被限制于化工园区，整个生产过程对生产环境温度、配套设施等要求高，无法扩大生产规模，导致氢气有效供应体系建设缓慢。此外，国内对氢气的使用仍然按照危化品管理，还未参照天然气将其列入能源管理体系，缺乏针对性的管理措施，这在一定程度上影响着社会资本对氢能的关注。

从相关标准体系建设完善方面来看，随着近年来氢能产业的不断发展，相关技术不断更迭进步，原有的技术要求标准体系不再适应新技术的发展，在“制—储—运—用”氢能全链条中均存在标准缺失和不完善的问题。例如，配套加氢站的建设尚未形成规范的行政审批流程，导致加氢站规划建设难度系数较大、周期长，供氢能力难以满足车辆运行需求。

### 7.1.2 推广成本较高，规模应用受阻

燃料电池汽车的产业化应用是氢能产业进一步发展的突破口，但一些过度保守的规定制约了氢能产业的发展，“加氢难、加氢贵”严重制约了燃料电池汽车示范的推广应用。

据相关数据显示，燃料电池系统价格高，导致一辆燃料电池汽车的售价是相同燃油车的2～3倍，是锂离子电池车的1.5～2倍。究其原因，我国燃料电池汽车产业规模较小，核心零部件国产化率低，依靠进口，导致燃料电池汽车整车的制造成本偏高，因此，在车辆购置成本

方面相比燃油车、锂离子电车等车型处于劣势地位，这在一定程度上加大了氢燃料电池汽车的推广难度。

在车辆后续使用成本方面，目前氢气从上游制备、储运再到氢气加注的成本均较高，每个加氢站建设费用在1200万～1500万元，加氢站加氢费用达到60～80元/kg，同一车型氢燃料电池汽车的使用成本是传统燃油车的2～5倍，而只有加氢价格降到30元/kg以下，燃料电池汽车才能和燃油车竞争。

### 7.1.3　技术创新不足，关键部件短板

虽然我国氢能产业在“制—储—运—用”等各个环节已形成一定规模，但在关键核心零部件的研发和生产等方面仍与国际先进水平存在差距，从长远发展角度来看，核心零部件的低国产率不利于氢能产业在我国行业发展中把握主动权。如表7.1所示，在氢气制取方面，我国与国外制氢方式相似，差别不大，国内多采用化石燃料制氢（煤制氢）和化工副产氢（石油炼化、氯碱副产氢、乙烷裂解和丙烷脱氢等），国外主要采用化石燃料制氢和电解水制氢。从氢气储运方式来看，国内目前主要以气态氢储运为主，储氢瓶压力多为30 MPa，在液氢技术、液氢工厂、相关产业化等方面几乎是空白；而国外储运氢多为高压气氢和低温液氢，气氢储罐主要为70 MPa Ⅳ型碳纤维瓶，此外，液氢储运也较为成熟，日本、美国、德国等国家已将液氢的运输成本降低到高压氢气的八分之一。

我国燃料电池产业链已经初具框架，但燃料电池系统供应链基础较为薄弱，尚未形成较为成熟的零部件供应体系。燃料电池系统主要由燃料电池与空压机、储氢瓶系统、氢气循环泵、空气压缩机等组成，其中燃料电池电堆是系统中最为关键的核心环节，直接决定了燃料电池汽车的质量。如表7.1所示，在国内外燃料电池动力系统的差异方面，国内的燃料电池动力系统在电堆体积功率密度、电堆质量功率密度、燃料电池催化剂用量、燃料电池车载工况寿命、低温启动性能等方面与国际水平仍存在不小差距。而在氢气循环泵方面，国内的氢气循

环泵依赖进口，美国Park公司研制的氢气循环泵可在不同燃料电池汽车上实现应用，国内目前还没有可以替代的产品，对氢气循环泵的研制仍处于基础研究阶段。

**表7.1 国内、国际氢能产业核心指标对比(部分)**

| 产业链分布 | 核心指标 | | 国内 | 国际 |
|---|---|---|---|---|
| 产业链上游 | 制氢 | | 化石燃料制氢、工业副产氢、电解水制氢 | 化石燃料制氢、电解水制氢、生物制氢等 |
| 产业链中游 | 氢气储运 | | 多为压缩气氢运输，30 MPa Ⅲ型钢瓶储氢瓶 | 气氢和液氢，气氢储罐为70 MPa Ⅳ型碳纤维瓶 |
| | 加氢站 | | 多为气氢站 | 气氢站、液氢站 |
| | 燃料电池动力系统 | 电堆体积功率密度 | 2.2～2.7 kW/L | 3.1 kW/L |
| | | 成本 | 6000元/kW | 1000元/kW |
| | | 电堆质量功率密度 | 约2.2 kW/kg | 约2.5 kW/kg |
| | | 电堆催化剂 | 铂载量0.6 g/kW | 铂载量0.19 g/kW |
| | | 客车车载工况寿命 | 3000～5000 h | 12000～18000 h |
| | | 轿车车载工况寿命 | 2000 h | >5000 h |
| | | 最低启动温度 | −20～−10 ℃ | −30 ℃ |
| | | 氢气循环泵 | 依赖进口 | 较为成熟 |
| | | 空气压缩机 | 不稳定，故障率高 | 较为成熟 |
| 产业链下游 | 交通领域 | | 1873辆(主要为客车) | 美国6000多辆，日本3000多辆 |
| | 电源领域 | | 国内尚无应用 | 日本的ENE-FARM系统较为成熟 |

### 7.1.4 协同能力不足,企业联动薄弱

虽然当前氢能产业链的构成相对完善,但布局分散,各地的氢能产业园区未能实现互补优化、协同发展。某个产业的发展不仅要求各个环节的完整性,而且对于上下游企业之间的联动也有着较多的要求,实现信息互通、产品衔接是该行业繁荣兴盛的必要条件。

氢能产业涉及氢气的制备、储运、应用等多个环节,产业链长,国内多个城市的氢能产业园区所涉及的重点研发技术方向多有重叠。在氢能产业发展的过程中,还出现了一些无序运营现象,一些地区和企业盲目跟风,低水平重复建设,同质化现象严重。可见氢能产业已初现恶意竞争的态势,长此以往,不利于氢能产业关键核心技术的集中攻关创新。

就全国各省的燃料电池汽车发展而言,相关产业多采用单一链条式发展模式,仅在各自链条内部存在资源整合。各环节仅在燃料加注处实现交汇,长期处于不协同的状态,不利于不同城市之间的资源互惠、优势互补。“车等站”“站等车”等现象,导致燃料电池汽车产业整体发展缓慢,产业链整体的经济效益低,投资回报期长。

## 7.2 产业发展相关建议

### 7.2.1 推进体系建设,保障氢能发展

立足氢能与燃料电池汽车产业发展的全生命周期,以“科学布局与协同发展相结合、自主创新与开放合作相结合、政府引导与市场驱动相结合、安全有序与规范高效相结合”为基本原则,构建以顶层设计为引领、技术创新为驱动、产业落地为载体、推广应用为导向、氢能保障为支撑、安全监管为底线的政策机制体系,推动氢能与燃料电池汽车产业有序健康可持续发展。

在国家层面,应尽快明确氢能产业发展的主管部门,统筹规划,系统布局,制定国家层面的氢能产业规划,全面、系统指导氢能标准化工

作。各省市政府有关部门等应根据国家氢能产业规划，因地制宜，尽快明确政策重点支持范围和实施细则，形成适合各自省市氢能产业发展的供应体系、建设保障规划等，确保氢能供给的稳定性、经济可行性，解决加氢站等基础设施建设主管部门、审批部门不明确等问题，加快氢能产业在区域内的规模化推广速度。

此外，要构筑氢能产业可持续发展的软环境。在全社会面向大众开展氢能科学普及和法律普及，以“双普及”的联动机制增进公众对氢能安全性的科学理解；完善氢能产业核心技术的自主知识产权体系，健全产业链重点技术装备的计量、检测、认证标准及体系；健全氢能技术的人才培养体系，完善专业学科结构，深化氢能领域专业人才和复合人才培养；培养优秀氢能科研人才。

### 7.2.2 加强自主创新能力，提高核心零部件国产化率

核心零部件的低国产化率、高进口率会严重制约我国氢能产业的发展，必须提升自主研发能力，实施创新驱动发展战略，带动产品升级，才能加快行业发展进程；面对飞速变化的世界，才能把握前进方向，在大潮流、大格局、大历史中立足。

建设氢能关键技术联合攻关团队。联合国内知名高校、研究院所和企业单位，建设以学科带头人为核心的科技协同创新体系，对氢能领域的共性关键技术进行联合攻关，构建跨领域、跨行业的技术研发与技术合作平台。同时，鼓励第三方研发，构成互补、竞争和相互促进的格局，形成氢能技术研发生态圈。

强化关键共性技术创新能力。针对氢能产业规模化应用瓶颈，聚焦一系列的重点方向以及其他关键共性技术，引导优质企业强强联合，构建产业链重点环节的联合攻关，解决制约产业发展的技术难题，重点突破核心部件和装备的自主研发与生产，不断提高核心部件和装备的国产化比例，使我国氢能产业具有“自我造血”机能，从而推动氢能产业的商业化、规模化发展，降低应用成本。

以规模化带动氢能产业创新发展。通过更多优质企业参与到氢

能产业链建设，打造产业链各环节势力均衡、企业间协同发展的规模化生产模式。秉持着“以示范促研发、以集群强产业、以场景导应用、以政策育生态、以开放拓网络”的基本原则，按照先试点—建标准—扩规模的流程，推动氢能全链条、全生态协同创新发展，推进多元化、分布式、全场景示范应用。

### 7.2.3　推动氢能产业与碳交易体系协同发展

当前，我国氢能产业正处于从技术研发逐步向商业化应用的过渡时期，整体规模化生产及应用仍处于初级阶段。同时，利用市场机制控制和减少温室气体的排放，建设全国碳排放交易市场是实现“双碳”目标的重要举措。

完善碳排放核查监察系统。通过独立的第三方核查机构，根据全国碳交易主管部门颁布的温室气体排放核算方法和第三方机构核算指南，对温室气体的排放进行监测、记录，并对排放总量计算情况进行核查。在短期内，将制备氢气的重点排放单位纳入碳排放权交易体系，鼓励参与主体主动控制碳排放。从中长期来看，可以开发与氢能应用相关的中国温室气体自愿减排(CCER)项目，参与CCER交易，推动氢能产业全产业链的延伸，不断推动我国绿色低碳的现代能源供给体系建设。

虽然我国碳排放相关制度及技术核算工作正处于前期的积累储备阶段，但从长远来看，全国碳市场的不断完善必然会对氢能产业的发展产生重要影响，氢能产业与碳交易体系的协同发展可推动我国氢能产业进一步朝着低碳化绿色健康方向发展。

综上，为从根本上保证我国氢能产业的健康发展，一方面要不断完善标准法规，制定相应政策，引导氢能产业健康有序发展；另一方面要加快氢能人才培养，大力发展氢能科技，力争实现核心部件及装备的自主研发，取得本质安全、经济高效等氢能技术的实质性突破。因此，在构建现代能源体系的过程中，要坚持自主创新，结合中国资源禀赋优势，发展适合我国国情的安全、可持续的氢能技术，走有中国特色的氢能发展之路。

# 参考文献

[1]王璐,金之钧,苏宇通.新型固体储氢材料的研究进展[J].石油学报(石油加工),2023,39(1):229-239.

[2]李锦山,任春晓,罗琛,等.固体储氢材料研发技术进展[J].油气与新能源,2022,34(5):14-20.

[3]付亚轩,张丹,隋朝霞.中国加氢站商业模式及经济性比较[J].油气与新能源,2022,34(5):8-13.

[4]张诗雨,唐文艳,刘俊霞,等.储氢材料的研究进展[J].河南大学学报(自然科学版),2022,52(5):579-586.

[5]吴振涛,庞小兵,韩张亮,等.二氧化碳捕集、利用与储存技术进展及趋势[J].三峡生态环境监测,2022,7 (4):12-22.

[6]王超,孙福全,许晔,等.世界主要经济体氢能发展战略剖析与启示[J].世界科技研究与发展,2022,44(5):597-604.

[7]王冉,刘侃.国内外氢能汽车发展现状及对我国未来氢能产业发展的思考[J].环境与可持续发展,2022,47(3):44-52.

[8]张灿,张明震,陈凡.中国氢能“制储输用”全产业链协调发展的对策分析[J].油气与新能源,2022,34(5):1-7.

[9]崔明月,朱小平,薛科,等.氢燃料电池车储氢技术及其发展现状[J].汽车实用技术,2022,47(10):173-178.

[10]张智,赵苑瑾,蔡楠.中国氢能产业技术发展现状及未来展望[J].天然气工业,2022,42(5):156-165.

[11]赵宝超,常浩.天然气制氢工艺技术研究进展[J].化工设计通讯,2022,48(4):96-98.

[12]东吴证券.氢能产业化进程加速,主流制氢路径有哪些优缺点?[J].汽车与配件,2022(7):56-57.

[13]刘玮,万燕鸣,熊亚林,等.碳中和目标下电解水制氢关键技术及价格平准化分析[J].电工技术学报,2022,37(11):2888-2896.

[14]张浩亮.浅析氢燃料电池车在中国新能源类车型中的发展前景[J].时代汽车,2022(8):119-120.

[15]刘飞,关键,祁志福,等.燃煤电厂碳捕集、利用与封存技术路线选择[J].华中科技大学学报(自然科学版),2022,50(7):1-13.

[16]祁育,章福祥.太阳能光催化分解水制氢[J].化学学报,2022,80(6):827-838.

[17]胡其会,李玉星,张建,等."双碳"战略下中国CCUS技术现状及发展建议[J].油气储运,2022,41(4):361-371.

[18]刘翠伟,裴业斌,韩辉,等.氢能产业链及储运技术研究现状与发展趋势[J].油气储运,2022,41(5):498-514.

[19]孙裕彤,吴晓燕,陈方.生物质能-碳捕集与封存(BECCS)技术发展态势分析[J].科学观察,2022,17(2):21-32.

[20]刘光辉,王星.2021年氢燃料电池汽车市场分析与2022年发展探讨[J].专用汽车,2022(3):4-7.

[21]黄天纵,陈辉,吴勇,等.质子交换膜燃料电池双极板的研究进展[J].材料保护,2022,55(3):136-145.

[22]张强,姜明慧,郝旭辉,等.欧盟实现碳中和的氢燃料电池技术经济分析[J].汽车文摘,2022(3):19-28.

[23]陈秋阳,陈云伟.国际氢能发展战略比较分析[J].科学观察,2022,17(2):1-12.

[24]胡兵,徐立军,何山,等.碳达峰与碳中和目标下PEM电解水制氢研究进展[J].化工进展,2022,41(9):4595-4604.

[25]吕升浩.地质$CO_2$封存技术发展现状与比较[J].云南化工,

2022,49(2):69-71.

[26]肖筱瑜,谷娟平,梁文寿.二氧化碳捕集、封存与利用技术应用状况[J].广州化工,2022,50(3):26-29.

[27]李建林,梁忠豪,李光辉,等.太阳能制氢关键技术研究[J].太阳能学报,2022,43(3):2-11.

[28]孟照鑫,何青,胡华为,等.我国氢能产业发展现状与思考[J].现代化工,2022,42(1):1-6+12.

[29]陈彬,谢和平,刘涛,等.碳中和背景下先进制氢原理与技术研究进展[J].工程科学与技术,2022,54(1):106-116.

[30]陈洪波,王新春.氢产业发展战略的国际比较及政策建议[J].企业经济,2021,40(12):126-134.

[31]孟凡,张惠铃,姬姗姗,等.高效电解水制氢发展现状与技术优化策略[J].黑龙江大学自然科学学报,2021,38(6):702-713.

[32]韩笑,张兴华,闫华光,等.全球氢能产业政策现状与前景展望[J].电力信息与通信技术,2021,19(12):27-34.

[33]曹军文,张文强,李一枫,等.中国制氢技术的发展现状[J].化学进展,2021,33(12):2215-2244.

[34]杨锦,孙浩然,张文帅,等.太阳能绿色制氢研究进展[J].电站系统工程,2022,38(1):79-81.

[35]李星国.氢气制备和储运的状况与发展[J].科学通报,2022,67(Z1):425-436.

[36]李浩东.日本"氢能社会"建设经验及对我国的启示[J].日本研究,2021(4):33-42.

[37]崔占良,王光远,蔡杨.浅析"风口"下的氢能发展前景及建议[J].天津经济,2021(12):21-26.

[38]刘玮,董斌琦,刘子龙,等.加氢站氢气压缩机技术装备开发进展[J].装备制造技术,2021(12):246-250.

[39]姚占辉,丁振森,王佳.我国车用氢能产业发展现状分析及对策建议[J].汽车工业研究,2021(4):23-26.

[40]郭思敏.我国加氢站现状与商用化进程展望[J].节能,2021,40(11):75-78.

[41]许毛,张贤,樊静丽,等.我国煤制氢与CCUS技术集成应用的现状、机遇与挑战[J].矿业科学学报,2021,6(6):659-666.

[42]李建林,李光辉,梁丹曦,等."双碳目标"下可再生能源制氢技术综述及前景展望[J].分布式能源,2021,6(5):1-9.

[43]赵英杰,易群,王涛,等.煤-焦-氢-铁产业链发展关键技术与战略思考[J].中国工程科学,2021,23(5):103-115.

[44]孙延寿,李旭航,王云飞,等.氢气储运技术发展综述[J].山东化工,2021,50(19):96-98.

[45]刘晴晴,叶佳璐.浅析二氧化碳捕集储存技术研究进展[J].当代化工研究,2021(18):160-161.

[46]刘玮,万燕鸣,熊亚林,等."双碳"目标下我国低碳清洁氢能进展与展望[J].储能科学与技术,2022,11(2):635-642.

[47]王雪雪,朱文.甲醇裂解制氢工艺与优势研究[J].化工管理,2021(27):93-94.

[48]魏凤,任小波,高林,等.碳中和目标下美国氢能战略转型及特征分析[J].中国科学院院刊,2021,36(9):1049-1057.

[49]徐硕,余碧莹.中国氢能技术发展现状与未来展望[J].北京理工大学学报(社会科学版),2021,23(6):1-12.

[50]曹军文,覃祥富,耿嘎,等.氢气储运技术的发展现状与展望[J].石油学报(石油加工),2021,37(6):1461-1478.

[51]贾宏宝.氢能源产业链应用现状及发展前景[J].化学工程与装备,2021(9):208-210.

[52]张坤,郇志坚.氢能产业发展的国际经验及启示——以新疆为例[J].金融发展评论,2021(8):32-43.

[53]郑洪洋,汪嵩.国内氢能产业专利发展态势及路径分析研究[J].中国发明与专利,2021,18(8):61-68.

[54]常宏岗.天然气制氢技术及经济性分析[J].石油与天然气化

工,2021,50(4):53-57.

[55]刘凡,朱宏康.氢能创新性研究及其国际产业发展战略[J].中国材料进展,2021,40(8):639-644.

[56]段志祥,管坚,石坤.我国加氢站发展现状综述及问题分析[J].化工装备技术,2021,42(4):5-9.

[57]丁曼.日本氢能战略的特征、动因与国际协调[J].现代日本经济,2021(4):28-41.

[58]刘思明,石乐.碳中和背景下工业副产氢气能源化利用前景浅析[J].中国煤炭,2021,47(6):53-56.

[59]陈强,毛明明,高敏,等.天然气制氢与热回流技术研究进展综述[J].科技创新与应用,2021,11(16):46-48.

[60]高佳佳,米媛媛,周洋,等.新型储氢材料研究进展[J].化工进展,2021,40(6):2962-2971.

[61]陈晓露,刘小敏,王娟,等.液氢储运技术及标准化[J].化工进展,2021,40(9):4806-4814.

[62]韩红梅,杨铮,王敏,等.我国氢气生产和利用现状及展望[J].中国煤炭,2021,47(5):59-63.

[63]刘云,景朝俊,马则群,等.固体储氢新材料的研究进展[J].化工新型材料,2021,49(9):11-14,19.

[64]雷超,李韬.碳中和背景下氢能利用关键技术及发展现状[J].发电技术,2021,42(2):207-217.

[65]武正弯.德澳加日四国氢能战略比较研究[J].国际石油经济,2021,29(4):60-66.

[66]王璐,金之钧,黄晓伟.氢气的制取与固体储集研究进展[J].天然气工业,2021,41(4):124-136.

[67]程一步,王晓明,李杨楠,等.中国氢能产业2020年发展综述及未来展望[J].当代石油石化,2021,29(4):10-17.

[68]陈宇,张小玉,张荣沛.中国氢能产业链现状及前景展望[J].新型工业化,2021,11(4):176-180,182.

[69]李建林,李光辉,马速良,等.碳中和目标下制氢关键技术进展及发展前景综述[J].热力发电,2021,50(6):1-8.

[70]董岩,杜鹤天普.德国绿氢发展战略及启示[J].世界环境,2021(1):86-87.

[71]熊华文,符冠云.全球氢能发展的四种典型模式及对我国的启示[J].环境保护,2021,49(1):52-55.

[72]赵文波,李广振,许胜超,等.相变吸收酸性气体的发展现状[J].化工进展,2021,40(1):401-414.

[73]王涵,李世安,杨发财,等.氢气制取技术应用现状及发展趋势分析[J].现代化工,2021,41(2):23-27.

[74]殷雨田,刘颖,章刚,等.煤制氢在氢能产业中的地位及其低碳化道路[J].煤炭加工与综合利用,2020(12):56-58,5.

[75]刘泽坤,郑刚,张倩,等.加氢站用离子压缩机及离子液体简述[J].化工设备与管道,2020,57(6):47-53.

[76]陈英杰.天然气制氢技术进展及发展趋势[J].煤炭与化工,2020,43(11):130-133.

[77]伊文婧.日本氢能社会构建的背景、实现路径及对我国的启示[J].中国经贸导刊(中),2020(8):101-104.

[78]杨智,刘丽红,李江.氢能源产业技术标准化发展现况[J].船舶工程,2020,42(S1):39-49,419.

[79]郝加封,张志宇,朱旺,等.加氢站用氢气压缩机研发现状与思考[J].中国新技术新产品,2020(11):22-24.

[80]符冠云,熊华文.日本、德国、美国氢能发展模式及其启示[J].宏观经济管理,2020(6):84-90.

[81]卢利飞.一氧化碳变换工艺技术研究[D].包头:内蒙古科技大学,2020.

[82]王丹.二氧化碳捕集、利用与封存技术全链分析与集成优化研究[D].北京:中国科学院大学(中国科学院工程热物理研究所),2020.

[83]高华.全球碳捕捉与封存(CCS)技术现状及应用前景[J].煤炭经济研究,2020,40(5):33-38.

[84]赵青,郑佳.全球主要国家2019年氢能发展政策概述[J].全球科技经济瞭望,2020,35(4):11-20.

[85]何发明,曾庆,吴剑,等.天然气裂解制氢与水电解制氢合成氨工艺特性比较[J].化肥设计,2020,58(2):5-9.

[86]韩健,张小筠.制氢转化炉技术现状及发展趋势[J].石油化工设备技术,2020,41(2):1-5,77.

[87]单彤文,宋鹏飞,李又武,等.制氢、储运和加注全产业链氢气成本分析[J].天然气化工(C1化学与化工),2020,45(1):85-90,96.

[88]张艳枫.韩国《氢经济路线图》主要内容及启示[J].全球科技经济瞭望,2019,34(Z1):4-6.

[89]周美华.光、电催化分解水制氢研究[D].南昌:南昌大学,2019.

[90]景春梅,何七香,欧训民.从日韩氢能产业看我国氢能发展[J].能源,2019(12):25-27.

[91]黄格省,阎捷,师晓玉,等.新能源制氢技术发展现状及前景分析[J].石化技术与应用,2019,37(5):289-296.

[92]王奕然,曾令志,娄舒洁,等.天然气制氢技术研究进展[J].石化技术与应用,2019,37(5):361-366.

[93]杨静怡.储氢材料的研究及其进展[J].现代化工,2019,39(10):51-55.

[94]姬存民,杨威.制氢工艺的比较[J].氯碱工业,2019,55(8):32-33,37.

[95]吕翠,王金阵,朱伟平,等.氢液化技术研究进展及能耗分析[J].低温与超导,2019,47(7):11-18.

[96]赵琳,张建星,祝维燕,等.液态有机物储氢技术研究进展[J].化学试剂,2019,41(1):47-53.

[97]兰梓睿,孙振清.技术创新系统评价研究:以挪威碳捕捉与储

存技术为例[J].科学管理研究,2018,36(5):121-124.

[98]徐少军.甲烷催化裂解制氢双功能催化剂的研究[D].青岛:中国石油大学(华东),2014.

[99]魏薇,黄宝铨,钱庆荣,等.碳复合纳米材料储氢性能研究进展[J].精细石油化工进展,2014,15(1):39-41.

[100]袁园,张旭,李兵峰.利用典型工业副产气制氢的技术方案的生命周期影响评价[J].环境污染与防治,2009,31(6):81-83.

[101]中国汽车技术研究中心有限公司,北汽福田汽车股份有限公司.中国车用氢能产业发展报告(2021)[M].北京:社会科学文献出版社,2021.

# 附录　国际氢能相关标准

| 序号 | 标准号 | 标准名称 |
| --- | --- | --- |
| 1 | ISO 13984:1999 | 液态氢　陆地车辆加油系统接口 |
| 2 | ISO 13985:2006 | 液态氢　陆地车辆油箱 |
| 3 | ISO 11625:2007 | 气瓶　安全处理 |
| 4 | ISO 16110-1:2007 | 使用燃料加工技术的氢发生器　第1部分:安全 |
| 5 | ISO 21013-2:2007 | 低温容器　用于低温服务的减压附件　第2部分:不可重新闭合的减压装置 |
| 6 | ISO/TR 11954:2008 | 燃料电池道路车辆　最大速度测量 |
| 7 | ISO 21011:2008 | 低温容器　用于低温服务的阀门 |
| 8 | ISO 21013-1:2008 | 低温容器　用于低温服务的减压附件　第1部分:可重新关闭的减压阀 |
| 9 | ISO 16110-2:2010 | 使用燃料加工技术的氢发生器　第2部分:性能测试方法 |
| 10 | ISO 26142:2010 | 氢气检测仪　固定式应用 |
| 11 | IEC/TS 62282-1:2010 | 燃料电池技术　第1部分:术语 |

续表

| 序号 | 标准号 | 标准名称 |
| --- | --- | --- |
| 12 | IEC/PAS 62282-6-150:2011 | 燃料电池技术　第6-150部分:微型燃料电池电力系统　安全　间接PEM燃料电池中的水反应性(UN Devision 4.3)化合物 |
| 13 | ISO 7866:2012 | 气瓶　可再充装无缝铝合金气瓶　设计　施工和测试 |
| 14 | ISO 21013-4:2012 | 低温容器　先导式压力释放装置　第4部分:用于低温服务的减压附件 |
| 15 | IEC 62282-3-300:2012 | 燃料电池技术　第3-300部分:固定式燃料电池电源系统　安装 |
| 16 | IEC 62282-6-100:2010+AMD1:2012 CSV | 燃料电池技术　第6-100部分:微型燃料电池动力系统　安全 |
| 17 | IEC 62282-6-300:2012 | 燃料电池技术　第6-300部分:微型燃料电池电源系统　燃油箱互换性 |
| 18 | ISO 23273:2013 | 燃料电池道路车辆　安全规范　用于压缩氢气燃料车辆防止氢气危害 |
| 19 | ISO 23828:2013 | 燃料电池道路车辆　能耗测量　以压缩氢为燃料的车辆 |
| 20 | ISO 11114-2:2013 | 气瓶　气瓶和阀门材料与气体含量的兼容性　第2部分:非金属材料 |
| 21 | ISO 12619-1:2014 | 道路车辆　压缩气态氢气($CGH_2$)和氢气/天然气混合燃料系统组件　第1部分:一般要求和定义 |
| 22 | ISO 12619-2:2014 | 道路车辆　压缩气态氢气($CGH_2$)和氢气/天然气混合燃料系统组件　第2部分:性能和一般测试方法 |
| 23 | ISO 9809-4:2014 | 气瓶　可再充装无缝钢气瓶和管的设计、结构和试验　第4部分:$R_m$值小于1100 MPa的不锈钢气瓶 |

续表

| 序号 | 标准号 | 标准名称 |
| --- | --- | --- |
| 24 | IEC/TS 62282-7-2:2014 | 燃料电池技术　第7-2部分:测试方法　固体氧化物燃料电池(SOFC)的单电池和堆叠性能测试 |
| 25 | IEC 62282-4-101:2014 | 燃料电池技术　第4-101部分:电动工业卡车用燃料电池动力系统　安全 |
| 26 | ISO/TR 15916:2015 | 氢系统安全的基本考虑 |
| 27 | IEC 62282-3-200:2015 | 燃料电池技术　第3-200部分:固定燃料电池电力系统　性能测试方法 |
| 28 | ISO 12619-3:2014/AMD 1:2016 | 道路车辆　压缩气态氢气($CGH_2$)和氢气/天然气混合燃料系统组件　第3部分:压力调节器 |
| 29 | ISO 12619-4:2016 | 道路车辆　压缩气态氢气($CGH_2$)和氢气/天然气混合燃料系统组件　第4部分:止回阀 |
| 30 | ISO 12619-5:2016 | 道路车辆　压缩气态氢气($CGH_2$)和氢气/天然气混合燃料系统组件　第5部分:手动气瓶阀门 |
| 31 | IEC 62282-3-400:2016 | 燃料电池技术　第3-400部分:固定式燃料电池电力系统　具有热和功率输出组合的小型固定式燃料电池电力系统 |
| 32 | IEC 62282-6-200:2016 | 燃料电池技术　第6-200部分:微型燃料电池电力系统　性能测试方法 |
| 33 | ISO 24490:2016 | 低温容器　用于低温服务的泵 |
| 34 | ISO 21028-1:2016 | 低温容器　低温下材料的韧性要求　第1部分:温度低于−80 ℃ |
| 35 | ISO 21013-3:2016 | 低温容器　用于低温服务的减压附件　第3部分:尺寸和容量测定 |
| 36 | ISO 12619-6:2017 | 道路车辆　压缩气态氢气($CGH_2$)和氢气/天然气混合燃料系统组件　第6部分:自动阀门 |

续表

| 序号 | 标准号 | 标准名称 |
|---|---|---|
| 37 | ISO 12619-7:2017 | 道路车辆　压缩气态氢气($CGH_2$)和氢气/天然气混合燃料系统组件　第7部分:气体喷射器 |
| 38 | ISO 12619-8:2017 | 道路车辆　压缩气态氢气($CGH_2$)和氢气/天然气混合燃料系统组件　第8部分:压力指示器 |
| 39 | ISO12619-9:2017 | 道路车辆　压缩气态氢气($CGH_2$)和氢气/天然气混合燃料系统组件　第9部分:泄压阀(PRV) |
| 40 | ISO 12619-10:2017 | 道路车辆　压缩气态氢气($CGH_2$)和氢气/天然气混合燃料系统组件　第10部分:泄压阀(PRD) |
| 41 | ISO 12619-11:2017 | 道路车辆　压缩气态氢气($CGH_2$)和氢气/天然气混合燃料系统组件　第11部分:过流阀 |
| 42 | ISO 12619-12:2017 | 道路车辆　压缩气态氢气($CGH_2$)和氢气/天然气混合燃料系统组件　第12部分:气密性住房和通风软管 |
| 43 | ISO 12619-13:2017 | 道路车辆　压缩气态氢气($CGH_2$)和氢气/天然气混合燃料系统组件　第13部分:不锈钢刚性燃油管路 |
| 44 | ISO 12619-14:2017 | 道路车辆　压缩气态氢气($CGH_2$)和氢气/天然气混合燃料系统组件　第14部分:柔性燃油管路 |
| 45 | ISO 12619-15:2017 | 道路车辆　压缩气态氢气($CGH_2$)和氢气/天然气混合燃料系统组件　第15部分:过滤器 |
| 46 | ISO 12619-16:2017 | 道路车辆　压缩气态氢气($CGH_2$)和氢气/天然气混合燃料系统组件　第16部分:配件 |
| 47 | ISO 11114-4:2017 | 可移动气瓶　气瓶和阀门材料与气体含量的兼容性　第4部分:选择耐氢脆性钢的试验方法 |
| 48 | ISO 23208:2017 | 低温容器　低温设备的清洁度 |

续表

| 序号 | 标准号 | 标准名称 |
|---|---|---|
| 49 | IEC 62282-3-201:2017 | 燃料电池技术　第3-201部分:固定式燃料电池电力系统　小型燃料电池电力系统的性能测试方法 |
| 50 | ECTS 62282-7-1:2017 | 燃料电池技术　第7-1部分:测试方法　聚合物电解质燃料电池(PEFC)的单电池性能测试 |
| 51 | IEC 62282-4-102:2017 | 燃料电池技术　第4-102部分:工业电动车辆的燃料电池动力系统　性能测试方法 |
| 52 | ISO 21010:2017 | 低温容器　气体/材料的兼容性 |
| 53 | ISO/TS 19883:2017 | 用于氢气分离和净化的变压吸附系统的安全性 |
| 54 | ISO 21266-1:2018 | 道路车辆　压缩气态氢气($CGH_2$)和氢气/天然气混合燃料系统　第1部分:安全要求 |
| 55 | ISO 21266-2:2018 | 道路车辆　压缩气态氢气($CGH_2$)和氢气/天然气混合燃料系统　第2部分:测试方法 |
| 56 | ISO 16111:2018 | 可运输储气装置　可逆金属氢化物吸收的氢气 |
| 57 | ISO 19880-3:2018 | 气态氢气　燃料站　第3部分:阀门 |
| 58 | ISO 19881:2018 | 气态氢　陆地车辆燃油箱 |
| 59 | ISO 19882:2018 | 气态氢　陆地车辆燃料箱　热活化泄压装置 |
| 60 | ISO 21012:2018 | 低温容器　软管 |
| 61 | ISO 9809-1:2019 | 气瓶　可再充装无缝钢气瓶和管道的设计、建造和测试　第1部分:淬火和回火钢瓶和拉伸强度小于1100 MPa的钢管 |
| 62 | ISO 9809-2:2019 | 气瓶　可再填充无缝钢气瓶和管道的设计、建造和测试　第2部分:淬火和回火钢瓶和拉伸强度大于或等于1100 MPa的钢管 |

续表

| 序号 | 标准号 | 标准名称 |
|---|---|---|
| 63 | ISO 9809-3:2019 | 气瓶　可再填充无缝钢气瓶和管道的设计、建造和测试　第3部分:标准化钢瓶和管 |
| 64 | ISO 19880-5:2019 | 气态氢　燃料站　第5部分:分配器软管和软管组件 |
| 65 | ISO 19880-8:2019 | 气体氢　燃料站　第8部分:氢质量控制 |
| 66 | ISO 21014:2019 | 低温容器　低温绝缘性能 |
| 67 | IEC 62282-6-400:2019 | 燃料电池技术　第6-400部分:微型燃料电池动力系统　功率和数据互换性 |
| 68 | IEC 62282-8-102:2019 | 燃料电池技术　第8-102部分:反向模式下使用燃料电池组件的能量储存系统　包括可逆操作的质子交换膜单电池和电池组性能试验程序 |
| 69 | IEC 62282-3-100:2019 | 燃料电池技术　第3-100部分:固定式燃料电池动力系统　安全性 |
| 70 | ISO 22734:2019 | 水电解制氢机　工业、商业和民用 |
| 71 | ISO 14687:2019 | 氢燃料质量　产品规格 |
| 72 | ISO 11114-1:2020 | 气瓶　汽瓶和阀门材料与气体含量的兼容性第1部分:金属材料 |
| 73 | ISO 19880-1:2020 | 气态氢气　加油站　第1部分:一般要求 |
| 74 | ISO 17268:2020 | 气态氢陆上车辆加油连接装置 |
| 75 | IEC 60050-485:2020 | 国际电工词汇　第485部分:燃料电池技术 |
| 76 | IEC 62282-2-100:2020 | 燃料电池技术　第2-100部分:燃料电池模块 安全性 |

续表

| 序号 | 标准号 | 标准名称 |
| --- | --- | --- |
| 77 | IEC 62282-8-201:2020 | 燃料电池技术　第8-201部分:反向模式下使用燃料电池组件的能量储存系统　功率转换系统性能的试验程序 |
| 78 | IEC 62282-8-101:2020 | 燃料电池技术　第8部分101:反向模式下使用燃料电池模块的能量存储系统　包括可逆操作的固体氧化物单电池和堆的性能的试验程序 |